# いずれ起業したいな、と思っているきみに17歳からのスタートアップの授業

# アントレプレナー列伝

## エンジェル投資家は、起業家のどこを見ているのか？

古我知史
koga satoshi

BOW BOOKS

# はじめに

はじめまして。あるいは、また、お会いできましたね！　でしょうか。

今回は、未来の人類と社会に、より良き変容を実現するために、すべてを賭けるアントレプレナー(起業家)、ともにすべてを賭ける仲間、その人間たちに焦点を当てる。

前回の拙著『いずれ起業したいな、と思っているきみに　17歳からのスタートアップの授業　アントレプレナー入門』(長いタイトルですいません。編集者がつけたのでご容赦を！)の姉妹本だ。

アントレプレナーシップの機会に目覚め、それをつかみ、その道を自分の足で歩む人たちが、本書の主人公だ。そしてわたしたち、すべての人に、そのアントレプレナーシップの機会は開かれている。

歴史を振り返れば、アントレプレナーがつくる一つのベンチャーが、多くの企業と、しいては新しい産業を誕生させてきた。いま、地球上にあるすべての産業は、たった一つのベンチャーからはじまっている。

その原動力は、リーダーたるアントレプレナーと、ともに歩む意志と才能にあふれた仲間、つまり、起業／創業チームだ。かれらかのじょらが、ビジネスをつくり、産業を創造し、価値を循環させ躍動する経済のダイナミズムの礎を積み上げてきた。

いままでも、そう、これからも、そう。経済はアントレプレナーたちのチームがつくるビジネスが源だ。

では、そもそもビジネスは何のためにあるのか？

これは経営学の永遠の問いである。法学は正義のため、医学は健康のため。では、ビジネスは何のために、学ぶのか？

正解は、アントレプレナーたる人間が行動することで答えが出る、ということではないだろうか。

するとまた、問いが立ちはだかる。

では、そのビジネスは、アントレプレナー自身の独善的なもの、利己的な動機によるものでよいのか？　だ。

起点は、利己なのか？　利他なのか？

より良き人類と社会の変容って、利己から打ち出すものなのか、利他を目指すものなのか？

世界のアントレプレナーシップの学びの現場でも、その答えは出ていない。
欧州ではValue for others（利他）に論点が置かれ、米国ではValue for myself（利己）に力点がある。日本は、「情けは人の為ならず」、つまり利他による利己の実現、だろうか。かく言うわたしも、まだ答えを出せていない。

その答えを出すのは、きみだ。きみたちだ。

きみたちが、考え、行動し、その答えを出していく。

予定される未来はなく、未来は、アントレプレナーシップの機会をつかむきみたちが、きみたちの手でつくるんだ。

実は、いままさに、投資先の上場記念パーティから帰ったところで、この原稿を書いている。その興奮と感動冷めやらぬところで原稿を書いている。

創業チームと支援してくれた仲間たちとの間で共有したのは、いよいよだ！　これからだ！　ということ。ＩＰＯは通過点でしかなく、登山で言えば、麓に立って、見えぬ山頂を見上げたところだ。

アントレプレナーたる36歳の社長が、冒頭と謝辞の挨拶で、「これまでもこれからも『百折不撓《ひゃくせっふとう》』でがんばります」と、自分に言い聞かせるように繰り返していた。

百折不撓は、何度失敗して挫折感を味わってもくじけずに立ち上がること。どんな困難にも臆せず初めの意志を貫くこと、の故事成語だ。

これが問いに対する答えではないか、つまり利己と利他という問いはそもそもベンチャーに不要ではないか、とわたしは思う。

百折不撓、アントレプレナーの人間たちの「克己」の執着の連続によってこそ、ビジネスは形になる、意味を持つ、社会実装化する、Value for everyoneになるのだ。

世界の学術界のアントレプレナーシップの教育カリキュラムの目的には、発想力、創造力、情報収集力、分析力、論理力、問題解決力、問題発見力、チームワーク力、リーダーシップ、フォロワーシップ、コミュニケーション力などを向上させよ、と書かれている。まるでスーパーマン、スーパーウーマンを養成するかのようだ。大人でそんなすべてを具備した人を見たことがない。

なら、カリキュラムはどうするか？

とどのつまりは、克己につながる、勇気と行動力にしぼるべきだ。

いざ、心からやりたいこと、やらねばならないことに覚醒したときに、躊躇なく行動できるようにする。

まずはきみが、今日、小さな勇気の行動を起こすことから、始めればいい。

古我知史

2023年10月

目次

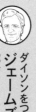

## 第2講 アントレプレナーに見るリーダーシップ



アントレプレナープロファイル ＃03

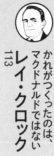

## 第6講

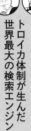

アントレプレナープロファイル ─ #17

# 第1講

# エンジェル投資家は、アントレプレナーのどこを見ているのか？

# 投資を決める三つの「原始的人格」

わたしのようなエンジェル投資家、つまり、まだスタートアップすらしていないアイデアレベルの状態の「自称」アントレプレナーに投資し、たっぷり時間をかけて伴走する投資家が、まだ海のものとも山のものともしれないその「起業家」の卵に賭けるかどうかを決める決め手は何か？

よく聞かれる質問だ。きみも興味があるだろう。

**いったいどうすれば、投資、支援してもらえるのか？**

投資、支援を決める条件は、二つだ。

一つは、当然のことながら、**未来の機会着眼とビジネスモデル**。

未来の機会着眼とビジネスモデルというのは、要するに、未来へのソウゾウ力（想像力と創造力）で組み立てる社会と生活者に役立つ独自の効果的な儲かる仕組みだが、詳しくは、本書の姉妹本の『アントレプレナー入門』をご一読いただきたい。

そして、もう一つが、その起業家その人の**「人格」**だ。

ある程度、ビジネスが回り始めてから、ＩＰＯなど拡大に向けて投資するベンチャーキャピタルと違って、まだ生煮えのビジネスプランレベルの段階で投資することもあるエンジェル投資家にとっては、これがものすごく重要になってくる。

**要するに、この人は、こちらがお金と時間を賭けるに値する人か？**

こんなふうに言うと、いわゆる「人格者」でなければだめなのか、賢くて、優秀な、立派な夢があって、信頼感漂う人でなければいけないのか、と思うかもしれない。

実際、メディアなどで目にする起業家は、立派なことを言っている。それこそウィキペディアだとか自叙伝とか、あるいは誰かがその人の人となりを取材して本にまとめたりして出てくる話というのはほとんどが、いかに、その人がすごい人か、だ。

しかし、考えてみてほしい、起業家が世に出てくるのは、成功してからだ。すでに世の中で意義のある何かを成し遂げてから登場する。その頃には、普通の人ではやっぱりなれないな、手が届かないな、やっぱり聖人君子のような人なんだな、とわたしたちが感じてしまうような、そういう描かれ方をすることが多い。

わたしが育ててきた起業家でも、いまは東証プライムに上場した、押しも押されもせぬアントレプレナーだということで尊敬を集めていて、たしかに尊敬されるに値する資質を備えているように見える、というか、備えている、人が何人かいる。

しかし、繰り返すが、起業家が世に出てくるのは、成功してからだ。駆け出しの最初の頃から付き合っているわたしには、かれらがどんなやつか、よくわかっている。つまり、もともとの人格を知っている。わたしは、そのもともとの人格を**「原始的人格」**と呼んでいるが、その「原始的人格」はどういうものかというと、たいてい、いわゆる「紙一重」なんだ。

要は、成功者というのは、成功してからは、高い品格を備えた人格者と呼ばれることが多いけれど、**もともとの原始的人格は普通じゃないことが多い**。普通じゃない。

要するに、変人。

どんなふうに変人か、これから、よく見られる三つの特徴を挙げていくが、最初にお断りしておくと、アントレプレナーに向いた人の人格と言っても、ここで挙げている原始的人格のすべてを備える必要はなくて(それはそれで、かなりアブナイ……)、どれかを強烈に備えていると、「この人は、アントレプレナーの資質を持っているな」と判断される、ということだ。

## メガロマニア、すなわち、誇大妄想癖

どんなふうに「変人」かの、第一は、**誇大妄想癖**だ。きみの周りでも、いないだろうか。いつもでかいことを言うやつ、ちょっと世の中の感覚とずれていて、なんでも物事を大きく捉えたり、大ホラ吹きとか言われたりする人。ひょっとしたら、自分の

ことだ、と内心、びくっとしている人がいるかもしれない。かく言う、わたしにも、ちょっとその傾向がある。

こういう人のことを英語で、Megalomania、**メガロマニア**という。メガというのは「巨大な」、マニアというのは「それに執着する人」という意味。なんでも物事を誇張して、大きく考える。いわば、妄想する能力を持っている人のことだ。そして、この資質を持っている人は、アントレプレナー＝起業家（＝企業家）に向いている。

たとえば、夏の甲子園を目指す全国高等学校野球選手権大会で、いつも地元予選大会の一回戦で負けている野球部。その野球部に入ってきた新人が、「必ず甲子園行くぞ」なんて言ったら、みんな、「お前、大丈夫か」と言うはずだ。たしかに、ちょっとずれている。現実を見ていない。普通の人なら、まだ一度も勝ったことがないんだから、まずは、初戦に勝つことを目指そう、と言うはずだ。けれども、こういうちょっとおかしいやつがいないと、上は目指せない。万年ビリのくせにてっぺんを目指すぞ、なんて言える人がいない限り、一回戦すら突破できない。

自分たちはいままでずっと初戦で敗退しているから、来年はみんなで力を合わせて、一回戦を勝とうじゃないか。こういう常識的なタイプの人には、アントレプレナーの原始的人格はないので、アントレプレナーについて行く道を選んだほうがいい。それはそれで頼りになる参謀、良いフォロワーになれるかもしれない。

あとでお話しするが、アントレプレナーは、一人では何も成し遂げられない。必ず周りにプロフェッショナルなフォロワーシップを持つ人、つまり、ついてきてくれる人たち、支えてくれる人たちが存在する。それによって、アントレプレナーははじめてリーダーの力を発揮することができる。

だから、ここでは、アントレプレナーについて語っていくわけだが、だからといって、全員にアントレプレナーになれと言っているわけではない。**世の中には、アントレプレナータイプの人と、アントレプレナーを支えるタイプの人がいる**、ということだ。どちらもアントレプレナーシップをつかんでいることでは変わりない。

## パラノイア、すなわち、偏執症

成功したアントレプレナーに見られる原始的人格の二つ目は、これもちょっと誤解されやすい言い方になるが、英語で言うParanoia。そう、**パラノイア**、日本語に訳すと、**偏執症**だ。「あいつ偏執症的だな」とか、一般にはかなりネガティブなイメージが強いと思うが、要するに、気になったら、それを解決するまでとことん、そこから離れられなくなる、そういうタイプだ。

この気質は結構、日本人に多いとわたしは思っている。実は、先のメガロマニアの原始的人格を持つ人は日本人にはさほど見られないが、パラノイア系の人はかなり多いんじゃないだろうか。誤解を恐れずに言えば、オタク系がその典型だ。

わたしがいままで支援した人でも、多くがパラノイアだった。とにかく24時間365日、一つのことが気になったら、そのことが頭から離れない。それが解決できるまで、達成できるまで、気になって仕方がない。

もちろん、パラノイアの傾向のある人全員がアントレプレナーに向いているというわけではなくて、向いているのは、その傾向や気質をポジティブに転換できている人だ。というのも、このパラノイア、一般的には、ネガティブに現れている人のほうが目立つからだ。たとえば、アイドルの追っかけ程度ならともかく、それがストーカーとなると、犯罪にもつながる。俗に潔癖症などといわれる強迫性障害といった精神疾患に現れることもある。

だから、わたしは、パラノイア全員がいいと言っているわけではなくて、**パラノイアの傾向のある人で、それをポジティブに転換できている人**であれば、それは起業家向きだと言っている。別に学術的根拠があるわけではない。**わたしが数十年間、延べにしたら、軽く一万人は超える起業家志望の人たちと直に接してきて見出した結論**だ。

一般には、「あの人、ちょっと変わってるね」と思われがちな執着心の強さを持つ人も、それを上手くポジティブに、たとえばAKB48ではなくビジネスのほうに転換できれば、異彩を放つような起業家になる可能性がある、ということだ。

先ほども言ったように、日本人には結構パラノイアが多いので、多かれ少なかれ、きみの中にもそういう側面があるんじゃないだろうか。もしあったら、それを押さえ込まないことだ。押さえ込まずに、学業はもちろん、趣味でもスポーツでもビジネスプランでも、そちらの方にパワーを向けていくといい。そうすれば、そこで思う存分に才能を発揮できる。

大人、特に、親は、子どものそういう様子を見ると不安になって、押さえ込もうとするものだが、気にする必要はない。失礼だが、自分の中のそういうものを押さえつけてきたから、きっときみのご両親は凡人になった。

上手に利用さえできれば、パラノイアというのは非常に優れた資質で、正直、起業家になろうと思ったら、まずパラノイアじゃなかったら無理じゃないか、とすら思う。だって、24時間365日、自分の創造する商品、サービスを、世の中に定着させるにはどうしたらいいか、それしか考えていないのがアントレプレナーだ。誰よりも考えるから、誰にも思いつかなかった答えが際限なく出せる。これ、パラノイアじゃなかったら、できないいんじゃないだろうか。

普通の大企業というのは、こういうパラノイアやメガロマニアの傾向がない人か、あるいは、もともと持っている資質を押さえ込んでいられる人しか、働けない職場じゃないかなと思う。わたし自身、大学を卒業して最初に就職したのが、外資系ではあるものの普通の大企業だったから、よくわかる。

わたしは、メガロマニアの傾向もあるが、パラノイアの傾向が強いものだから、自分で言うのもなんだけれど、仕事はよくできた。のめり込んでとことんやるわけだから。でも、割とすぐ飽きて転職、そして独立してしまったのは、やっぱり大組織には向いていなかったということだったんだろう。

念のために言うが、普通の大企業も変わりつつあるから、チャンスがないわけではない。これからもっと、**イントレプレナー**(大企業の中のアントレプレナーをこう呼ぶ)、旧態依然の大組織の変革に挑戦する人たち、が増えてほしい。

というわけで、自分の中にちょっと偏執的なところがあるな、偏執症じゃないかな、強迫観念少しあるな、パラノイアじゃないかなとか思うところがあったら、ぜひそれを前向きに理解して、明るく活かしてほしい。絶対押さえ込まないでほしい。もちろん、商売につながる趣味に、未来のビジネスに向けて、だ。きみの起業に向けてだ。きみが気になっている未来の社会課題の解決に向けて、だ。

## 必要不可欠なヒューメイン、ベリーヒューマン

ここまで、成功したアントレプレナーに特徴的な原始的人格のうちの二つ、メガロマニアとパラノイアについて話してきた。どちらかの傾向がある人は、それを押さえ込まずに、明るくポジティブに活かしてほしいと。

では、両方備えている人はどうか？　実際、両方を兼ね備えている人もいる。程度は低いながらも、わたしもそうだ。誰でも知っている大先輩で有名なところでは、Microsoftのビル・ゲイツや、Appleのスティーブ・ジョブズがそうだろう。

かれらについても、後ほど本書の中でご紹介していくが、正直言って、あまり一緒にいたい、つき合いたいタイプではないかもしれない。普通の人では、なかなかついていけないだろう。かれらは、奇人変人度が突き抜けていたが、幸運にも優れたフォロワーに恵まれた。

**リーダーというのは、誰かが自分をリーダーに仕立ててあげてくれてはじめてリーダーになれる。**その誰かが**フォロワー（follower）**だ。アントレプレナーもまったく同じで、一人でアントレプレナーになれるわけではなくて、その人が持っている壮大なビジョンを理解して、粘り強くしっかりと支えてくれる人、**プロフェッショナル・フォロワー**という仲間がいて、はじめてアントレプレナーになれる。

そういう意味では、スティーブ・ジョブズも、ビル・ゲイツも、いやなヤツではあるけれど、でも、人間味というか、とても人間臭く、どこか人を惹きつけるものがあったんだろう。それを英語で、**Humane（ヒューメイン）**、**Very human（ベリーヒューマン）**という。

英語でもさまざまな使われ方、日常用語から哲学的な意味合いまであるが、ここでは日常的に使われている表現として考えてみる。日本語での訳し方が難しいのだが、人間味があるとか、人としてハダカというか、なんだかわからないが憎めないといった意味で、英語の表現で、Charming（チャーミング）のニュアンスが入っている意味で使われるように思う。

変なやつなんだけど、いいやつだよね、とか、あいつ、とんでもないやつなんだけど、憎めないよね、なんかほうっておけない、かわいいやつだよね、といった具合だ。そして、この**ヒューメイン**、**ベリーヒューマン**が、アントレプレナーの三つ目の原始的人格だ。

これがないと、まずもってアントレプレナーにはなれない。支えてくれる人がいないから。誰も気にかけてくれないから。メガロマニアかパラノイアかについては、どちらかでもいいけれど、このヒューメインだけは持っていないといけない。

というのも、メガロマニアやパラノイアになると、唯我独尊、自信過剰という態度になる。唯我独尊というのは、俺、この俺、俺だけが！　俺がいちばん偉い！　という態度。自信過剰は、わかるよね、なんでそんなに自信が持てるのか端《はた》からはわからないけれど、とにかく自信に溢れていて、その溢れ方が異常な状態。まあ、普通は敬遠される。嫌われるよね。

ところが、そんなやつが結構寂しがり屋の側面を持っていて、それが垣間見えたりする。単なるバカな頑固ではなく一途でピュアであることがわかったりする瞬間がある。あるいは、自信が打ち砕かれた瞬間、ガラス細工のような木っ端微塵の壊れ方をするのを目の当たりにする。そんなとき、かわいいな、と感じてしまったり、その危うさに、思わず支えてあげたくなったりしないだろうか。なぜか本当には嫌いになれないと。

わたしは、結構、そういう人が好きだったりする。この**ヒューメイン、ベリーヒューマンという資質も、どこの理論書にも書かれてはいないが、長年の観察と経験を通して、成功するアントレプレナーの傾向、気質として、わたしが必ず挙げているもの**だ。

ここまで、メガロマニア、パラノイア、ヒューメインと、アントレプレナーの三つの原始的人格を挙げてきた。いずれもわたしが長い七転八倒の経験を通して洞察してきたものであり、わたしがシードの状態（アイデアレベルの状態）で、投資するかどうかを決めるときに、リーダーの人格的側面の判断基準としているものである。

いわゆる世の中で言う品格と尊敬に値する「人格者」とはほど遠い人間像だということにびっくりしているかもしれない。でも、こういう原始的人格の人がとことんやり遂げて成功をすると、人格者になる。これがおもしろい。

これから、注目しておくべき代表的なアントレプレナーとその事業の概要を、かれらの原始的人格にも注目しながら、紹介していこう。

アントレプレナー
プロファイル #01

# ダイソンをつくった ジェームズ・ダイソン

**James Dyson**

1947~ イギリス、ノーフォーク州生まれ。ダイソン創業者・最高技術責任者。
ロイヤルカレッジ・オブ・アート卒。1984年掃除機のための新技術・デュアルサイクロン方式を開発。'86年この新技術を搭載した「Gフォース」が世界に先駆けて日本で発売された。'92年ダイソン社を設立し、自ら掃除機の製造・販売に乗り出す。

ジェームズ・ダイソンの名を知らなくても、この掃除機は見たことがあるのではないだろうか。家で使っているという人もいるかもしれない。近年は、羽根のない扇風機でも有名だ。ドライヤーを持っている人もいるかもしれない。

けれどもダイソンと言ったら、まず、掃除機。サイクロン式の掃除機を世界ではじめて開発・製造したことで知られる。このダイソンというブランドをつくったのが、ジェームズ・ダイソン。1947年生まれで、七十代のいまも現役だ。

## 肩書き　デザインエンジニア。「デザインが機能を実現する」

かれは、自分のことをCEOとかCOO、日本語で言うと、会長、社長とは絶対呼ばせない。一度もそういうタイトル(肩書き)をつけたことがない。いまも一人のエンジニアとして、創業者兼チーフエンジニアというタ

イトルをつけている。チーフエンジニアの仕事は、ダイソン社のデザインエンジニアたちのチーフとして、プレイイングマネジャーをすること。つまり、マネジメントをしながらも、ひとりのプレイヤー、デザインエンジニアであるということだ。

ダイソンのデザインエンジニアとは、デザインすることでエンジニアリングする人、という意味なので、実は、通常のエンジニアとは異なる。むしろ、発想の仕方は、エンジニアの真逆だ。

普通はエンジニアの人というのは、設計図に落とし込んでものをつくるのだが、かれの場合は、設計図を書く前に直感で物事を組み立てていく。組み立てていってから、それをもう一度エンジニアリング、つまり、設計図に落とし込む。つまり、**設計図が先なのが通常のエンジニア、設計図はあとなのがデザインエンジニア**、というわけだ。

これは、もともとかれが、二つの大学で、ファインアートと、家具やインテリアのデザインを学んでいたことからきているのだろうが、まさに、起業家ならではの発想法だ。起業家ジェームズ・ダイソンが自分に与えたタイトルにふさわしい。

かくして、デザインを学歴のバックグラウンドに持つジェームズ・ダイソンは、デザインがエンジニアリングに役立つということを確信していた。デザインと言うと、ただ、きれい、かっこいい、見た目がいいということを考える人がいるかもしれないが、かれにとってのデザインとは、まさにファンクション。日本語でいう「機能」だ。デザインが機能を果たすということに対して、確信を持っている。

つまり、単に美しいデザインの掃除機をつくろうと思っているわけではなくて、このデザインが最も機能的に働く掃除機になるという確信を持ってデザインしている。実際、ダイソンの掃除機は、それまでのどの掃除機よりも機能的に動くデザインになっている。その結果、かっこいい。これがかれの重要な着眼であり、それまでの家電、たとえば日本の家電メーカーとは根本的に思想が異なる。

日本の家電メーカーは、徹底的に機能にこだわる。なかには、デザインを売り物にしているものもあるけれど、すると機能が劣る。機能的な方向と、デザインの方向が二つに分かれ、デザインはいいけど機能はいまいちだね、となるか、機能はいいけれどデザインはいまいちだね、となるかのトレードオフの関係になってしまっている。

それに対し、ジェームズ・ダイソンは、デザインこそが機能を実現するという素晴らしい着眼をし、実際に、デザイン的に美しく、かつ、そのデザインが支える画期的な機能を誇る、世界でも有名な家電メーカーを一代で築いた。

2015年、ジェームズ・ダイソンはテスラのイーロン・マスクがつくったEV（電気自動車）に対して、自分だったらもっとすごいものに変えられると開発製造を宣言したが、残念ながら、のちに断念。年齢的な限界、自動車業界での経験の足りなさがあったんだろう。莫大な資金が必要になるためお金の限界もあったかもしれない。個人的には、かれには80歳になるまでに元気を取り戻して、ぜひ新しい自動車をつくってほしいと思っている。

## サイクロン式掃除機のアイデアを得てからつくった試作品（要するに失敗作）、5126個！

かれがなぜ、一代で、世界的な家電メーカーをつくり上げることができたのか？

その理由を、かれの人格面から考察すると、やはりパラノイアの気質が絡んでいる。徹底的なパラノイア。

かれがサイクロン掃除機をつくることになったきっかけはこれからお話しするが、その仕組みを思いついてからサイクロン掃除機の第一号を開発するまでにつくったプロトタイプは、なんと5127個! 最後の1個がファイナル・プロトタイプだ。発明王トーマス・エジソンもプロトタイプづくりが好きだったが、ダイソンが完勝した。しかもそのときのことを自著『インベンション 僕は未来を創意する』(日本経済新聞出版)で、次のようにさらっと書いている。

「数千個のプロトタイプづくりはたいへんだったけれど、楽しくて夢中になれるプロセスだったし、僕はサイクロン技術について多くの知識を得た」

そのときのかれは、実は前に5年もかけて苦労して発明したボールバロー(手押し車)の特許や会社すべてを奪われたあとだった。妻子と莫大な住宅ローンを抱え、借金まみれであったにもかかわらずだ。やっぱり並の神経の持ち主では楽しめるはずもない。徹底的なパラノイア気質のなせる業だ。

さて、かれが、サイクロン式掃除機をつくったのは、31歳のときだった。最初に勤めた会社でモノづくりに目覚めた。そしてはじめてのスタートアップで、そのボールバレーの会社を設立。失敗して無一文になったが、それを製造する工場で、塗装スプレーの粉塵を吸い込むサイクロン式分離機を目にしていた。サイクロン式分離機は新しい技術ではなかったが、ジェームズ・ダイソンはひらめいて、掃除機に応用できるのではないかと思った。

当時、掃除機と言えば、日本企業が開発した紙パック式が世界の標準だったが、紙パック式の弱点は、使っているうちに目が詰まって、途中から集塵力が落ちてしまうことだ。ダイソンは、掃除機を使うたびに、フラストレーションを募らせていた。

いま、フラストレーションと言ったが、実は、新しい商品、サービス、ビジネスモデルに気がつくときというのはほとんどすべて、**自分自身のフラストレーションが気づきのスタート地点**となる。

凡人は、フラストレーションを感じたら、黙っているか、身近な人に文句を言って終わる。モンスタークレーマーはわざわざ時間をかけて、コールセンターに電話をしたり、インターネットでお客様相談室に文句をたらたら書く。SNSに書いて拡散させる人もいる。凡人と悪人はこういうことをする。

これに対して、アントレプレナーの資質を持っている人はどうするかと言うと、フラストレーションを感じた瞬間に、自分でこれをどう変えられるか、と考える。これをどう変えれば、このフラストレーションを解決できるか、と昼夜パラノイア的にしつこく考える。

**つまり、アントレプレナーにとっては、日常生活で感じるあらゆるフラストレーションはすべて新しいビジネスを立ち上げる機会になる。**

ジェームズ・ダイソンも、結局、最後に、紙パック式掃除機は根本的にだめだと納得するまで、何度も何度も自分で補修した。まさに、パラノイアだ。そして、だめなら、自分がゼロからつくろうと考えた。まさに、アントレプレナーだ。

そして、先に書いたように、塗装スプレーの粉塵を吸い込むサイクロン式分離機を見た瞬間のひらめきから、さっそくそのサイクロン方式を用いた掃除機づくりを始めるわけだが、そのプロセスもまたパラノイアでないと難しい。プロトタイプ、つまり試作品を借金を抱える身で、5127個もつくったわけだから。異常で、天才だ。

でも、だからこそ、世界で最も売れているサイクロン式掃除機が生まれた。そして、いまや、世界の掃除機の標準方式となっている。

## 静電気で風を起こす、羽根のない扇風機

その後のかれのヒット商品は、羽根のない扇風機だ。扇風機の羽根が邪魔だとは、普通の人は思わない。風を起こすには、プロペラがいるのが当たり前だと思うから、誰も羽根のない扇風機なんて思いつかない。

でも、あるとき、かれはその羽根の存在にフラストレーションを感じてしまった。プロペラ以外の方法で

風を起こすことはできないのか？

　そうして生まれた、特徴的なフォルムの羽根のない扇風機は、静電気を利用して風を起こす。実は、それ自体は、昔から知られている技術で、別にかれが発明したわけではない。だから、いままでは、多くのメーカーが似たような形の羽根のない扇風機をつくっている。


　サイクロン方式も、そうだ。昔から考えられていた技術で、かれが発明した技術ではない。でも、そういうもともとある技術を活かして、それを掃除機にしたり、扇風機に変えていく。徹底的にひねって工夫してこねくり回しながら磨き上げていく。まさに、パラノイアだ。そして、それが、ダイソンという個性的なベンチャーを生み、いまも世界の生活に驚きを提案している。

　ジェームズ・ダイソン曰く、「ダイソンには、スタートアップの精神、すなわち実験し、学び、冒険する自由を持ち続けてほしいと考えている。僕らには階層的マネジメントは不要だ。それは無難な方法かもしれないが、僕らは週単位で変化、進化する協働的企業である」と。

アントレプレナー
プロファイル #02

# 広げた大風呂敷は必ず回収する
# 孫正義

**Son Masayoshi**

1957~ 佐賀県生まれ。ソフトバンクグループ株式会社代表取締役。
1976年高校を中退して渡米。'80年カリフォルニア大学バークリー校を卒業。'81年、日本ソフトバンク（現ソフトバンクグループ）設立。Yahoo! BB、ボーダフォン、アーム等々、多額の買収による事業の多角化による経営手法が注目されている。

アントレプレナーの「原始的人格」のうち、パラノイア系の代表例として、掃除機で有名なダイソンをつくったジェームズ・ダイソンをご紹介した。次に、もう一つの大きな傾向であるメガロマニア系の代表例として、ソフトバンクグループの孫正義を紹介しよう。

## 世界一のメガロマニア!? 売上500万円のときから、1兆円が見えていた!?

いまや1兆円を超す営業利益をたたき出す実績をつくった大企業のソフトバンクグループだが、そのソフトバンク(文字どおりビデオカセット方式だったパソコンソフトの輸入販売業から始まった)がまだ売上数百万円で、社員と言えば数人のアルバイトスタッフしかいなかったときに、孫さんがリンゴか何かの木箱の上に乗って、「将来は、一丁二丁と、豆腐を数えるように売上を数える会社になるんだ」と演説し、聞いていたスタッフが、この人、頭がおかしいのかとあきれて全員辞めてしまったという逸話は有名だ。

まさか、その数十年後、本当に、売上どころか、利益を一兆、二兆と数える会社になるとは。そのときのスタッフは、いま、どう感じているだろうか？

まさに、メガロマニア、誇大妄想癖の極地とも言えるが、実は、これ、孫さんに限らない。ファーストリテイリング、つまりユニクロの柳井正さんも、第二創業者ながら、広島の商店街のどこにでもあるような小さな洋装店を引き継いでまもなく、GAPを超えると言っていたし、日本電産（2023年にニデックと改名）という超有名なモーターの会社を創業した（1973年）永守重信さんも、全く売上が立ってないときに1000億超えると言い、1000億を超えようとするときに1兆円の企業になると言い、すべて実現してきた。

ちなみに、ユニクロのファーストリテイリングは、現在、世界のアパレル製造小売り業売上ランキングで第3位、GAPは、第4位。時価総額では、ZARAのInditexに次ぐ世界第2位11兆円強で、1兆円にも満たないGAPを大きく引き離している（2023年9月末現在）。

ただの誇大妄想癖、大ボラ吹きではない。実際にそれを実現してしまうのが、ビッグなアントレプレナーだ。

## 情報革命が導く新たな世界。孫さんに見えていた世界とは?

孫さんは、もはやソフトバンクを創業したアントレプレナーというよりも、ビジョナリー・インベスターとでも表現できる、攻撃的で、先見性のある、楽天的投資家としてわたしも尊敬をしている。

かれは、毎年、SoftBank Worldというすべてのビジネスパーソンに向けてのフェスでスピーチを行う。YouTubeで見られるので、興味のある方は検索して見ていただきたいのだが、そのうち、わたしが最も注目しているのは、2017年のものだ。注目に値する記憶に残る講演をしている。かれは、2017年の時点ですでに、情報革命が導く新たな世界として、AIがこれまでの生活概念をすべて覆すだろう、と予言している。そして、実際、かれはいま、AIの分野で成長する可能性のあるベンチャーに、かれが設立したビジョン・ファンドを通して、投資しまくっている。

その2時間半にも及ぶ基調講演は、18世紀の産業革命の話から始まる。そこから、人々の生活が革命的に変わったと。そして、いまの情報革命、デジタル革命も、18世紀の産業革命も、人々が想像できない世界に、人々を導いていく、という点で同じである、いままさに、それが起きているのだと、かれは力説する。そして、そういう時代に生まれて、生きていられて、たいへん幸せだと。

かつての産業革命では、人間より速いスピードで走る（これは自動車のことだ）、人間より重いものを持ち上げる（これはロボットや建設機械のことだ）というふうに、人間が持つ筋肉の延長がテーマだった。そこから生まれたのが、自動車であり、その前の蒸気機関車であり、その後の航空機だった。

この「筋肉の延長」に対し、孫さんが進めたいと考えている情報革命、デジタル革命というのは、「頭脳の延長、拡大」を意味する。つまり、人間の持っている頭脳を延長拡大することで、人間の新しい可能性を広げる。いま起こっていることは、18世紀からの産業革命とは、全く質の違った産業革命なんです、ということを話しておられる。

では、孫さんは、具体的にはどういう未来を想定しているかというと、「インターネットや電話が普及したとはいえ、場所によってはまだつながっていないところがあるが、これから先はつながらないところがない時代がやってくる。地球が衛星ですべて覆われてしまう。そして、人だけでなく、モノもつながれていく。人とモノが通信することで、巨大なビッグデータが無限に構築され、今度はそれをスーパーな人工知能(AI)が解析する。AIと人間がお互いに賢く鍛え合っていく時代を我々は構想している」と、想像を絶するような新しいデジタル革命が産業構造を変えていくことを力説しているのだ。

いまから6年前のものだが、ちっとも古くない。というか、いままさに誰もが実感できるレベルになってきていることを、6年前に話していたわけだ。

## 2017年、AI分野への巨額の投資を開始

この予見に基づき、孫さんは当時、複数の大きな買収を行った。そして、その講演

の会場に、買収した会社のCEOを呼んでいた。

最初に登場したのは、ボストン・ダイナミクスというロボットの会社だ。実はわたしもそれ以前から注目していたのだが、なぜ注目していたかと言うと、Googleが投資して、育てていた会社だからだ。

かれらが開発していたロボットとは、CEOのマーク・レイバートという人がそのとき話した言葉を借りれば、「人と同じくらいの視覚とインテリジェンスを持つ、人を超える存在のロボット」だ。

軍事用に使われているものは、結構YouTubeにも上がっているが、とにかく驚くようなロボットで、ちょっと言葉では説明できない。簡単に階段を登っていったりとか、でこぼこ道を二本足で行進していったり、人が倒そうとすると、それを避けたり、それに耐えたり、転がったら起き上がったりと、まさにSFの世界に出てくるロボットだ。ぜひ、一度、検索してYouTube で見てみてほしい。

残念ながらソフトバンクはWeWorkへの投資が頓挫した余波で、このボストン・ダイナミクスを手放すことになる。買収したのは韓国の自動車メーカーのヒュンダイ（現代）自動車だ。

二番目に登場したのは、ナウトという自動車の自動運転のサービスの開発をしている会社の社長だ。この会社は、2022年ぐらいから、何かと取り上げられるようになってきたが、要はAIを搭載して、接触事故や交通渋滞を減らすようコントロールする会社だ。MaaSの周辺プロダクトのはしりである。MaaSというのは、Mobility as a serviceの略称でマースと読む。サービスとしての移動の意だ。孫さんは、スマホやロボットは将来、車とも融合し得るものだと、イメージしているのではないだろうか。

そして、最後に登場したのが、2017年当時、ソフトバンクの巨大な買収として世間を騒がしたアームという会社の当時の社長のサイモン・シガースという人。ソフトバンクがアームを買収したときに話題になったのは、その買収金額もさることながら、それがあまりに突然の発表だったこともある。買収に応じるとは思えないオーナー会社だったこともある。しかしそこを孫さんは、とにかくオーナーを追いかけて追いかけて、トップ会談をもちかけ、熱く説得して粘り勝ちで決めた。そして、帰ってくるなり発表した。そういう離れ業ができるのが孫さんだ。

で、その買収金額だが、ソフトバンクの営業利益をはるかに上回る320億ドル相当（当時のドル円レートで3兆7000億円）。どうして、そんな金額を投じてまでアームを買収したかったかというと、2016年当時、世界のスマホのチップの99％はアームのものだったからだ。今後、世界中でますます増えていくであろうＩｏＴ（Internet of Things）のあらゆるモノの中にアーム製のチップが入ることで、圧倒的なシェアを獲得できる、そう読んで、買収したということだった。

その後、グラフィック系に強いベンチャーNVIDIAが伸びてきて、アームの地位がちょっと揺らぎつつあったところに、コロナ禍における業績低迷で一時期は売却が検討され、マスコミはここぞとばかりに、ソフトバンク2兆円の損失、孫さんは実は投資下手だったなどと騒ぎたてた。が、紆余曲折を経て、ソフトバンクグループ傘下のまま、2023年9月に、米国ナスダック市場に上場。時価総額9兆円の大型上場に成功したのである。

かくして、孫さんは、アリババを泣く泣く手放したものの、アームの投資は見事にうまくいきつつあり、アームを起点としてＡＩ関連投資への意欲をさらに強めている。

## ＳＦをしのぐＩｏＴの世界、それを支える５Ｇとチップ

それはともかく、わたしがここで紹介したいのは、孫さんが、アーム社を買収することによって、世の中に何をもたらしたいと思っているか、という点だ。

かれはそれを説明するために、医療現場への活用を例に挙げた。

いま、ダビンチという手術ロボットがあるのは知っているだろうか？

たとえば、京大病院に、すごく繊細な脳外科の手術が必要な患者がいたとする。残念ながら、京大病院にはそれができる医師がいない。というより、その手術ができる医師は、世界に一人しかいない。そのくらい難しい手術だ。しかし、その医師がいるのは地球の裏側、ボストンだ、としたら？

そこに登場するのが最先端の手術支援ロボット、ダビンチだ。これを使えば、その地球の裏側にいる天才脳外科医がリモートで執刀できる。

ＳＦではない。実際にすでに技術的には可能になっている。そして、それを可能にしているのが、５Ｇという高速大容量の通信インフラであり、その通信インフラを使って現場で執刀するのがダビンチであり、そこに用いられているのが、アーム社のチップだ、というわけだ。

メスを入れる場所が少しでもずれてしまったらどうするんだ、と心配するかもしれないが、実は、人間の指だって揺れる。むしろ、ロボットアームがＡＩで人間の指の揺れをコントロールする。京大病院では７～８㎜の孔に内視鏡カメラとロボットアームを挿入して、微細で緻密な内視鏡手術手技が適応できる症例がどんどん増えている。

さすがに、脳外科手術まではいっていないが、前立腺がんや食道がんや直腸がんなどの手術などには用いられ始めていて、人間が行うよりはるかに少ない出血量で外科手術ができる。成功率も高いと実証されている。

孫さんの話はこの辺でやめておこう。メガロマニア系の代表として紹介させていただいた。

復習すると、メガロマニアというのは、要は、あいつ、いつもでかいこと言っているねって言われるようなやつのことだ。人から敬遠されがちではあるけれど、もし、そういう傾向が自分にもあるとしたら、それは誇らしいことだと思っていい。

もちろん、常に大風呂敷を広げるだけで、何も行動しないというのは論外だ。お話にならない。大風呂敷を広げたら、それに向けて、目の前のことから始める、一生懸命続ける。行動が伴うのであれば、いつか事をなし得る。必ず成功する、というわけにはいかないが、やり続けるのみだ。

## KEY POINT

エンジェル投資家が出資を決める視点は二つ
**ビジネスモデルと人格**

人格と言っても、
「人格者」という意味ではない
**過去の成功者から推測する「原始的人格」**

大成功したアントレプレナーが、
必ず持っている「原始的人格」は、
ヒューメイン、ベリーヒューマン。人間味

大成功したアントレプレナーが、
どちらか、もしくは、両方持っていたのは、
**メガロマニア（誇大妄想癖）と**
**パラノイア（偏執症）**

# 第2講

# アントレプレナーに見るリーダーシップ

# 世をリードして、見えないものを見、意味を創造し、人々に希望を与える

ここまで、わたし自身が、アントレプレナーの資質を見分けるときのポイントとして、メガロマニア、パラノイア、ヒューメインの三つを挙げてきた。

この講では、少し視点を変えて、アントレプレナーが生み出しているリーダーシップについて考えることから始める。

これについて、まず、ご紹介したいのは、J・S・ブラウンという、元ゼロックスのチーフサイエンティストで、イノベーションに取り組んでいる研究者の言葉。

いわく、

## 「リーダーとは、意味を創造することができる人だ」

凡人は、事実は見ることができても、その事実が伝える意味を、未来的な時間の解釈で説明するのは難しい。これができるのが、リーダーであると。

『ガリバー旅行記』で有名な17~18世紀の風刺作家、J・スウィフトもリーダーについて同じようなことを言っている。

## 「見えないものを見るものだ」

人間が他の動物より特殊に進化している存在である理由はただ一つ、時間の概念を持っていることだ。過去の経験なら、旧脳に刻み込まれるので、昆虫でもそれを生かすことができる。けれども、未来を見ることはできない。馬にも豚にも犬にもできない。人間だけが未来を想定して動くことができる。

見えないものとは、未来の未知のものだ。未来の未知のものは、普通は見えないが、人間は、想像力によって、それを見に行くことができる。つかもうとすることができる。それが人間だけの能力であり、その能力に特に秀でた者が、アントレプレナーであり、リーダーだ。

かのナポレオン・ボナパルトのリーダーについての定義も好きだ。かれは、言う。

**「リーダーとは希望を与える人間だ」**と。

実際、アントレプレナーとして、新しい産業をつくろうと思ったら、人々に希望を与えることができなきゃいけない。

**見えないものを見、意味を創造し、人々に希望を与える。**それが、変革の時代のリーダーであり、アントレプレナーだ。

# 業を起こす起業から、業を企てる企業へ、そして、業を産む産業へ

京都でカカオベースの洋菓子屋さんで成功しました、東京でラーメンチェーンで成功しています、といった若い起業家がたくさん出てきている。それは素晴らしいことだ。ただ、一つ残念なのは、新しい産業をつくるところまではいっていないこと。

一歩進んで、わたしがベンチャーに期待しているのは、そして、ベンチャーがすごいところは、単に成功する新しい企業が生まれることではなく、その企業が大きく世の中の構造を転換し、人々の生活を一変させてしまうパワーと可能性をはらんでいることだ。つまり、新しい産業を誕生させる原動力となること。

業を起こす起業から、業を企てる企業へ、そして、業を産む産業へ。

産業をつくることがすなわち、**見えないものを見、意味を創造し、人々に希望を与える。**

新しい産業は、人々の生活と価値観を一変させる。不可逆的な変容をもたらす。そして、それは、最初は、たった一つのベンチャーから始まる。

たとえば、わたしたちのいまの生活に自動車は欠かせない。そして、自動車産業は、日本やドイツの経済を支える一大産業だ。そして、トヨタ自動車は、日本のナンバーワンの企業であると同時に、世界ナンバーワンの自動車会社でもある。

では、トヨタ自動車がこの自動車産業をつくったのか？　というと、残念ながら、そうではない。アメリカのフォードがつくった車を輸入して、それを徹底的に分解して、研究した。日本人なりに工夫してつくったのがトヨタの車だ。

トヨタだけではない。ホンダも日産もマツダも、日本の自動車産業のプレイヤーたちはみんなそうした。みんなフォードや海外の車から学んだ。いまの中国や韓国が、日本の車を真似しているのと同じだ（中国は国家戦略としてＥＶにシフトしたが）。

そういう意味では、米国のフォードこそが、自動車産業というものを生み出し、世界に広げたベンチャーだ。自動車を最初に生み出したわけではないが、自動車産業を生み出した。そして、フォードは、いまも、ゼネラル・モーターズと並んで、アメリカ自動車産業の中心にいる。

どうして、車の話をいきなり始めたかというと、このフォードをつくったヘンリー・フォードこそが、フォード社はもちろんのこと、**自動車産業そのもの、さらには、大量生産・大量消費という現在も続く産業構造そのものを生み出し、結果、人々の生活や価値感、働き方を大きく変えた一大アントレプレナー**だからだ。

フォードは自動車を発明したわけではないが、アメリカの多くの中流の人々が購入できる価格の自動車を開発・生産し、自動車の育ての親だと言われる。ちなみに、生みの親は、ドイツのカール・ベンツ。いまもある、あのメルセデス・ベンツの創業者だ。

というわけで、この講では、ちょっと時代を遡って、ヘンリー・フォードに焦点を当てる。

# 第二次産業革命の集大成をなした男
# ヘンリー・フォード

**Henry Ford**

1863~1947 アメリカ、ミシガン州生まれ。フォード・モーター創業者。
16才で機械工に。1887年エジソン電気会社の主任技師となり、'96年には第1号車の製作にとりかかった。1903年フォード・モーター社を設立、'08年「フォードT型モデル」の開発に成功。自動車組立に初めて大量生産方式を導入し、価格を大幅に引き下げ、'24年には市場占有率を50%とした。

## エジソンとの出会いが運命を決める

ヘンリー・フォードは1863年、アメリカのミシガン州の農家に生まれた。いまもアメリカの自動車工業の中心となっている地域だ。無学の人だったが、子どものころからとにかく機械いじりが好きで、ご近所の壊れた時計を集めては直してみせたりしていたという。このあたりすでに、機械オタクのパラノイアの片鱗がうかがえる。

その機械オタクの子どもが、農場で働く牛を酷使していた父親の労働現場を見ていたことで、ヘンリー・フォードの未来の取り組むべき課題を形づくっていったように思う。長じて農家を継がずに、いくつかの職を経たのちに、大きな出会いを得る。あの発明王トーマス・エジソンの会社に就職し、かれのもとで働き出したのだ。

ちなみに、このエジソンがつくった会社が、いまも世界有数の大企業であるGE（ゼネラル・エレクトリック）で、フォードがあったおかげで、トヨタやホンダ、日産などが生まれたように、GEがあったおかげで、日本では、日立や東芝、松下電器（現パナソニック)やシャープなどが生まれた。

さて、チーフエンジニアとしてエジソンのもとで働いていたフォードは、エジソンに、「四輪の車をつくりたい」と熱く夢を語り、エジソンが「頑張れよ」と励ましたという逸話はよく知られている。

その後、フォードは独立して、仲間と一緒に会社をつくり、四輪の車、いまで言う自動車の試作品をつくり始める。が、最初につくった会社は、仲間割れ。フォードは去るけれど、会社は残って、のちにキャデラックという会社になる。あの、アメリカを代表する高級車のキャデラックだ。いまも大統領専用車に使われている。フォードは、これからお話しするように、T型フォードと言われる一般大衆のための自動車で成功したわけだから、きっと最初から仲間と意見が合わなかったのだろう。

その後も会社をつくったが、また失敗。ようやく三つ目につくった会社が、いまのフォードの前身となる。

## 大量生産による価格破壊で、自動車とそれがもたらす新しい生活を一般大衆に

ここで、ヘンリー・フォードのどこがすごかったかを説明すると、要するに、**大量生産による価格破壊**だ。そして、**自動車がもたらす新しい生活を、一握りの富裕層から、一般大衆に開放した**ことだ。

当時、つまり20世紀初め、ベンツなどでつくられていた自動車は、3000ドルか4000ドルもした。当時の普通の労働者の日当が1日2ドル、年収にして数百ドルの時代に、4000ドル！　いまの東京のタワマン並みだ。これをかれは、段階的に引き下げていき、825ドルまで引き下げることに成功する。

しかし、それでもまだまだ一般庶民には、平均年収の倍近い金額で、高すぎる。なんとか、中流階級の人が普通に買える金額にしたい。それを可能にする方法を徹底的に研究した。

そこで生まれたのが、いまでは当たり前になっている**ベルトコンベア式のライン生産方式の流れ作業**だ。食肉工場を見てひらめいた従業員からアイデアを得たという。ラインに沿って、部品を組み合わせ、組み立てていく。当時としては革新的で画期的な方法だ。

当時のデータを見ると、それまで、1台の車をつくるのに大体13時間から14時間かかっていたのを、2時間40分、そして最終的には1時間半でつくれるようにしている。時間が5分の1からさらに10分の1になった分、価格も大幅に引き下げることができた、というわけだ。

こうして、1916年、発売後わずか8年で、T型フォードは、360ドルで発売できるようになった。価格を抑えるために、すべて同じ形、黒一色だったが、人々はこぞって買い始め、累計で1500万台も売れた。この記録はその後も45年間破られなかった。

余談だが、ヘンリー・フォードの次の宣伝のジョークは有名だ。

「T型フォードをお求めになるお客さまは、どの色でも好きにお選びいただけます

──それが黒色である限りは」
ちなみに、黒が選ばれた理由は、それが最も乾きの速い色だったからだそうだ。

## 現在まで続く、大量生産、大量消費、消費者優先主義を築く

要するに**フォードは、大量生産、大量消費の工業化社会の先駆け**だ。消費者こそがすべての優先であると考え、少しでも安く多くの人々に買っていただく、そのために製造のオペレーションに変革をもたらした。この**消費者優先主義**も、いまでは当たり前のことだが、この考え方を耐久消費財の自動車で最初に打ち立てたのが、ヘンリー・フォードだったというわけだ。大衆が買える車をつくる、それが、かれの理想であり、ビジョンだった。

みんなが車を買えるようにするというかれのビジョンは、価格を下げることだけでなく、そもそもの購買力を上げることにも向けられた。あるときかれは、自社の労働

者がT型フォードを持っていないことに気づく。かれらにはまだ高すぎた。ならば、給料を上げればいい。給料を上げて、自社の労働者が買ってくれれば、その分、売上も上がる。そう考えて、当時2・34ドルだった日当を一気に5ドルに上げた。1日5ドルなら、30日で150ドル。これなら、賃金が上がった分のお金を半年ぐらい貯めるだけで、買える！

フォードで働いて、フォードを買いたいという労働者が増えたのは言うまでもない。これもまた、消費者優先主義の視点から生まれた革命的な経営の考え方だった。

**フォードが生み出した大量生産、大量消費、消費者優先という考え方**は、2000年の情報革命、デジタル革命が起きるまで、事実上、支配的な思想だった。それが20世紀の経済成長を担ってきたと言ってもいいだろう。この100年間の、あらゆるものづくりの産業の考え方の基礎をつくった最初の人と言っても過言ではない。

が、かれの功績はそれだけではない。革命的なベンチャーは、その周辺のさまざまな産業を生み出し、世界全体を変えていくものだが、自動車産業もまた、**周辺に波及**

**的にさまざまな産業を育ててきた。**

製鉄から板金までの鉄の産業、ガラス産業など、素材産業がすべてそうだ。石油化学やプラスチックも、ゴムの産業も、タイヤがなかったらこれほど大きくなることはできなかった。もちろん、必須のガソリン、川上の原油の産業、各種鉱山の産業から海運などの輸出入関連産業に至るまで。

つまり、ヘンリー・フォードは、自動車産業の育ての親であるだけでなく、自動車に組み込まれるハードやソフトの関連波及産業すべての大本をつくった人でもあるわけだ。

## 真にイノベーティブなベンチャーは、社会も変える。フォードがもたらした社会革命

大成功したアントレプレナーの多くがそうであるように、ヘンリー・フォードも、また、メガロマニアとパラノイアの両方の傾向を併せ持つ、一つ間違うと困った人だった。それが、晩年になって現れた。反ユダヤ主義をぶち上げてヒトラーを応援する

ことになる出版社までつくってしまって叩かれたり、せっかく労働者を喜ばせる給与水準を確立しておきながら、世界恐慌中に、多くの労働者をリストラするなど強圧的な経営をして、労働組合を生み出すことになってしまい、それを抑えるために暴力団のような人たちを雇ったり……。

とはいえ、他の偉大なアントレプレナー同様、それらを補って十分に余りあるものをかれは、世界にもたらした。すでにお話しした、いまの地球を支配している産業の生みの親としての、産業革命。そして、これから最後にお話しする、**社会革命**だ。

大衆のための自動車ができたことによって、社会に何が起きたか？

自動車が生まれる前、天下の公道を我がもの顔で走っていたのは貴族の馬車だった。貴族の馬車が来ると、みんな道を譲って、それが通り過ぎるのを待つしかなかった。馬が勢いよく走ってくると、蹴飛ばされたり、轢かれたりする危険があったからだ。

馬車が高価な自動車に変わったあとも同じだった。馬車や自動車で走る我がもの顔の特権階級と、歩くしかない庶民は、明確に分け隔てられていた。

そこに大衆車フォードが登場する。多くの人が車を持てるようになる。

つまり、アメリカ中の労働者階級が、元特権階級の馬車に道を譲らせ、元特権階級と同じポジションで天下の公道を走ることができたわけだ。

ここに**国家を動かす中流階級という大衆が誕生する**のだ。それって、ある意味、まさに、本当の社会変容の革命ではないか？

**フォードは、特権階級の「特権」を庶民が手に入れる。そういう時代をつくった。**

社会の価値観、一人ひとりの価値観を変えるきっかけをつくった人、それが、ヘンリー・フォードという一人の偉大なアントレプレナーだった。

## KEY POINT

アントレプレナーが持つべきリーダーシップ
とは、
**見えないものを見、意味を創造し、**
**人々に希望を与えること**

業を起こす起業から、業を企てる企業へ、
そして、業を産む産業へ。
すべては最初の一歩から

真にイノベーティブなベンチャーは、
社会も変える。
人々の生活を不可逆的に変える
社会革命をも起こす

# 第3講

# アントレプレナーの必須要件

エンジェル投資家が最初にアントレプレナーを見極める際の「人格」面の判断基準として、メガロマニアかパラノイア、そして、必須条件のヒューメインの三つの資質を挙げたが、この講では、また別の側面から、アントレプレナーに求められる条件を挙げてみる。

これまで挙げたのは、わたしの経験から、大化けしそうなアントレプレナーに見られる資質だったが、これから挙げるのは、いわば、**そもそものその大前提として、アントレプレナーを目指す人すべてが持っているべき三つの必須要件**だ。その三つとは、次のとおり。

**①ブリコルールである**
**②「子どもの心」と「志」と「左脳」を同時に持っている**
**③三つの汗をかける**

順に見ていこう。

# アントレプレナーの必須要件❶ ブリコルールである

まず、ブリコルールだ。いきなり耳慣れない言葉を出してきて申し訳ない。実は、フランス語だ。綴りは、bricoleur。ブリコラージュをする人のことをいう。ますますわからなくなってきたが、ご勘弁願いたい。

ブリコラージュ(bricolage)というのは、「物を自分で修繕すること、素人仕事をすること、日曜大工」といった意味で、転じて、あり合わせの手段や道具でやりくりすることを意味する。「器用仕事」と訳されることが多い。このようなことができる人、職人などのことをブリコルールといい、エンジニアの対局にある人だとされる。

なんだかジェームズ・ダイソンを思い出させるよね。設計図なしに直感的にエンジニアリングをデザインする、というやり方をイメージしてくれるとよいかもしれない。

車のエンジニアからＡＩのエンジニアまで、エンジニアにはいろいろあるが、共通するのは、「科学的な理論に基づいて、科学的に検証をしながら、設計図を描き、設計図どおりに物事を組み上げていける人」ということだ。逆も真なりで、物事を見たら、その物事を設計図に落とし込める人でもある。

これに対して、ブリコルールは、設計図がなくても、トライ・アンド・エラーで工夫をしながら、すでにあるものを寄せ集めて新しい用途のモノや情報などのコトを生み出す。本来だったら使えない部品を使って、目的物をつくっちゃったりするわけだ。

これは、まさにベンチャーだ。アントレプレナーだ。トライ・アンド・エラーで、ああでもない、こうでもないとイメージしながら、いろいろとあきずにあきらめずに試していく。

起業家になれる人も、もちろん、きちっとした設計図は描ける、計画は立てられる。立てられる左脳的力は持っている。でも、そのとおりにやるとは限らない。そのとおりにやると、大体失敗することを知っているからだ。**計画や設計図をつくる左脳の能力は持っているけれど、実際やるときにはブリコルール。**

わたしが、いろいろな起業家と付き合ってきたなかで、見出した特徴であり、これこそが起業家に必須の要件だと考えるものの一つだ。

## アントレプレナーの必須要件❷ 「子どもの心」と「志」と「左脳」を同時に持っている

というわけで、二つめの要件の「「子どもの心」と「志」と「左脳」を同時に持っている」のうちの左脳に優れることも、アントレプレナーの条件だ。いま見てきたように、ブリコルールがもつ能力とは、ある意味で、対照的な能力だ。左脳に優れるとは、論理に優れることだ。合理的にモノゴトが判断できる。ロジカルに語れるし、設計図も描ける。

でも、それだけに頼らない。対極のブリコルールの素質も持っている。設計図を描きながらも、そのとおり杓子定規につくるわけではない。

左脳だけの人は、コンサルタントとか教師やエンジニアには向いているけれど、両方持っていないと、起業家には向かない。

これは、「子どもの心」にも通じる。子どもの心とは何かと問われれば、好奇心だ。好奇心があるから、ビジョンメイキングに必要な二つのソウゾウ力が磨かれる。想像力と創造力だ。それから、純粋無垢な遊び心かな。勢いのあるベンチャーは、商品・サービスにも、社風にも、そして、社長つまり起業家にも、どこか遊び心を感じることが多い。

そして、「志」。やはり夢があるということだ。みんなに伝えられる夢がある。自分が描いている、想いをはせる未来があり、それは、ちょっとかっこうつけて言えば、人類とか地球とか、社会課題に応えている。

そこまで大きくなくても、**要は自分が成し遂げたいものがある、それが「志」だ。**これがないと、先頭を走る起業家にはなれない。この先、いろいろ困難もあるのに、粘り強く続けられない。志、これは絶対必須のものだ。

ざっくばらんに言えば、もともとは野心かな。どんな世界でもフロントランナー、ナンバーワンを目指す人には、**まず夢がある。それが野心となり、志に昇華する。**

## アントレプレナーの必須要件③ 三つの汗をかける

起業家が持つべき三つの要件の最後は、「三つの汗をかける人」。

一つ目の汗は、**手にかく汗**。手に汗をかくときって、どんなときかと言えば、そう、緊張しているときだ。「手に汗握る」といったら、緊張した状況の表現だ。実際、「自分は緊張しやすくて、手に汗かくんです」と心配する人がいるが。心配する必要はない。素晴らしいことだ。もし、きみがそうなら、一言言っておこう。きみは起業家向きだ。緊張するくらい、物事に真剣に向き合っているということだ。真剣でない限り、緊張もない。

次に、起業家が絶対かかないといけないのは、**身体の汗**。身体に汗をかくのは身体を動かすときだ。つまり、身体に汗をかく、というのは行動力があるということ。このシリーズの『アントレプレナー入門』でもご紹介した**「三現主義」**だ。現場に行く、現実を見る、現物に触れる。行動してはじめて、本当のことがわかる。行動しないと発見できないことは多い。

ネットでググればわかる、ChatGPTするなんて言っててはダメ。それでは身体に汗をかけないから。ググってばかりいる人は起業家には向かない。特に最悪なのは、現場を見ないで、ググっただけで自分の体験のようにして語る人。最低だ。

**現場に足を運んで現実を見て、現物を実体験する。起業家になるのはそういう人だ。**

手、身体、ときたら、次はどこに汗をかくか?

頭だ。頭と言っても、頭皮ではない。頭の中、脳だ。起業家になる人は、脳みそに汗をかく。もちろん、比喩だ。実際には、脳みそをフル回転させても脳みそから汗が出るわけではないけれど、汗が出るくらいヘトヘトになるまで考える。**誰よりも高く、広く、深く、速く、激しく考え続ける。**それができれば、他の人には見えないものが見え、他の人には思いつかなかったモノコトが生み出せるだろう。

さて、きみは、三つの汗、かいているだろうか？　かきたいだろうか？　三つの汗をかける環境に自分を置いているだろうか？

以上、起業家の必須要件を挙げてみた。必須要件というと、自分には全部はないから、あるいは全部ないから、起業家は無理なのか、と思ってしまったとしたら、お詫びしよう。でも、よく読めば、努力すれば誰でもできる、なれることばかりだということがおわかりだろう。そこが「原始的人格」とは異なる点だ。また、必ずしも起業家を目指すわけではないとしても、多くのクリエイティブな仕事に共通する要件だ。そこが、メガロマニアやパラノイアとは違うところだ。

# 日本が誇る、世界の小売りの常識を変えた男
# 三井高利

**Mitsui Takatoshi**

1622~1694 伊勢生まれ。三井家の家祖。14歳のとき江戸に出て長兄の営む呉服店越後屋に奉公。いったん郷里に戻るも、1673年長兄没後、江戸日本橋に宿望の呉服店を開き、'83年現金による店頭での定価販売、布地の切売などの新商法を開始。店内分業制や賞与制などの新しい管理法も始める。同時に両替店を開いて金融業の兼営を始めた。

## 三井高利の偉業を知っているか？

この講の最後では、いま挙げた三つの要件を優れて兼ね備えていると思われる、日本の代表的なアントレプレナーを紹介しよう。わたしの尊敬する人の一人だ、残念ながら、お会いしたことはない。なにしろ、１６００年代、つまり江戸時代の人なので。三井高利。この名を知らなくても苗字でピンとくるだろう。三井物産、三井不動産、三井化学、三井Ｅ＆Ｓ、三井住友銀行等々の三井グループ、その元となる戦前の三井財閥の創始者だ。

その三井財閥の基礎をどうやって築いたかというと、いまの三越百貨店の前身である呉服屋「越後屋」だった。三越百貨店自体、いまは、三越伊勢丹ホールディングスとなっているし、若い人には百貨店そのものがオワコンで、だから何？　かもしれないが、三越と言えば、戦前からバブル期までの昭和の時代、三越でお買い物、というのがある種のメッセージを発するような日本一の高級百貨店だった。

ただ、これからお話しする三井高利のアントレプレナーとしてのすごさは、単に、その三越の前身をつくったなどということではない。いまも続く、**世界初のとんでもない「革命」を商習慣そのものに起こした**ことにある。とにかく、かれのビジョンとスタイルは、現代の若いきみたちにも、十分、勉強になるはずだ。

## 不遇の半生を経て、かれが見出した、現代に続く小売りのスタイルとは？

三井高利は、1622年、いまの三重県の松阪に、商家の四男四女の末子として生まれる。14歳で江戸に出て、長兄の営む呉服店で奉公したが、なかなか認めてもらえなかった。かれの能力の高さが長兄俊次に疎まれてしまった。再び高利が江戸に出てくることのないように、母の殊法を支えることを名目に説得し、郷里に送り返される。28歳のときだ。

だから、かれが、再び江戸に出たのは、それから24年後、その長兄が亡くなった一か月後、52歳のときだった。そこでようやく、悲願であった、いまの日本橋三越があるその場所に「三井越後屋呉服店」(越後屋)を開業する。

そして数々の商売の革命を起こすわけだが、ただの思いつきではなかった。長兄が亡くなるまで、三重県の松阪に根を下ろして、我慢に我慢を重ね、検証に検証を重ね、とにかく考えて、考えて、考えた。もし、再び、江戸に出る機会があったら、こういう商売をやろうと。つまり、小さなトライ&エラーを現場で積み重ね、三つの汗を徹底的にかいて、特に脳みそに汗をかいて、夢と野心と志を温め続けた。

実は不遇と思われている松阪時代、三井高利がもっとも寄り添った母の殊法こそがブリコルールの体現者、もったいない精神の具現者であって、一切物を捨てない廃物利用の達人であったことにわたしは注目している。つまり高利のビジネスモデルの発想は殊法のやり方や考え方をロールモデルとしているのではないか、と。奉仕の精神の実行者でもあって、お店の気の利いたサービスすべては、殊法がいろいろ考え工夫してつくりだしたものであった。

こうして雌伏の松阪時代に考え抜いて挑戦した商いの方法が、世界で誰も思いつかなかった新しいビジネスモデルだった。

当時、最大の商品と言えば、着物だった。いまで言うアパレルだ。日本では着物。だから、日本では、金融業を除けば、着物を扱っている業者が、商売人としてはいちばんの金持ちだった。つくっている人よりも商っている人が儲けていた。西陣でつくった着物を京都の着物の豪商が売る、江戸の豪商が売る、というのが、一つのメガトレンドのビジネスモデルだった。

基本的なスタイルは、顧客の家にいくつかの反物を見繕って持って行って売るというもの。相手は、大名や両替商などといった金持ち。かれらに、着物一着分の一反単位で、売る。代金は、その場では回収しないで、盆暮れの二回、期末に集金する。

これが当たり前の商売のモデル（屋敷売《やしきうり》）で、実は世界中そうだった。ヨーロッパの貴族の邸宅に出入りする業者も、中国のそれも。お客さんのところへたくさんの商品を持って行って、丸ごと掛けで買わせて、あとから代金回収する。いわゆる掛け売りだ。それが普通の商売のスタイルだった。

庶民は、お店に出かけて行って買うこともできたが、お店に商品が並んでいるわけではない。希望を言うと、店員が見繕って、いくつかを奥から持ってくる。その中から選んで、やはり一反、丸ごと買わなければならない。

価格は、といったら、基本、決まっていない。交渉次第で、その場で決まる。**そもそも、定価という概念が存在しなかった**からだ。

だから、庶民と言っても、ある程度裕福な人でなければ怖くて買えないし、そもそもそうでなければ相手にしてもらえない。それが、当時の普通の商売のスタイルだった。ビジネスモデルだったということだ。

それを、かれは、180度変えた。17世紀の日本、江戸で、世界で初めて！

まず、対象を大衆にした。大名や豪商ではなくて、江戸の庶民、町民や農民を含む大衆をターゲットに設定した。のちのヘンリー・フォードを想起するよね。高利は200年以上も早かった。

そして、**商品を店の前に陳列した**（店前売《たなさきうり》と呼ぶ手法だ）。それまで、店に入っても商品はなく、客は希望を言って奥から出してきてもらう方式だったのを、店に行けば、そこに陳列された反物を手にとって自由に見ることができるようにしたのだ。

さらに、そこには、**値段が明記されていた！**

**正札《しょうふだ》**と呼ぶ手法だ。それまで値段というのは、交渉事だったのを革新し、これはいくら、これはいくらと、正札を付けて値段を固定化した。**定価という概念が世界で初めてここに導入された**のだ。

さらに、反物は、一反まるごと買う必要はなかった。客は、必要な長さだけ買えるようになった。**切売《きりうり》**という常識を覆す売り方だ。もちろん庶民は大喜びである。支払いは、掛け売りなしのその場での**現金払い**だ。いまでいう**チラシ広告の手法も世界で初めて編み出した。**

**小売り業で革命を起こしたとされる世界的ベンチャーのウォルマートにも300年以上も先駆けて、大衆向けの薄利多売（EDLP＝Everyday Low Price）のビジネスモデルを、現実化した**のである。

つまり、それまでの商いの方法をすべて否定して、現代まで続く小売りのビジネスモデルを、世界で初めて生み出したんだ。

## 革命的なことを行おうとすると、必ず出会う嫌がらせ、邪魔と戦うリーダーシップも

同時代に生きていればいかにすごいことを三井高利がやり遂げたか、わかるに違いない。何しろ、士農工商の封建社会の身分制度があって、幕藩権力に対して従属するのが豪商、政商の生き残り方だった時代だ。しかも幕府御用達の豪商たちが排他的に既得権益を守るべく、徹底して新参者を排除する根強い商慣習があった。

三井高利の当時の様子がうかがえる三井の『家伝記』や『商売記』があるが、**商売敵に仲間外れにされ、邪魔や嫌がらせ行為をされながらも、**これらの困難にまともに先

頭に立って、挑戦していくリーダーシップは生半可なものではない。
いつの時代も、アントレプレナーが、強烈なリーダーシップとともにたちあらわれるということだ。

三井高利のビジネスモデルや商売の考え方がうかがえる、年々改訂されていた複数の店規（店の経営の原理原則のようなもの）が残っている。

とにかく細かい。そして、厳しい。徹底的に細かいことまで店と店員（丁稚や手代のこと）の規則として定めて、署名までさせている。**高利のパラノイアぶりは想像を超える**ものだ。

27ヶ条もあるのですべてを記すのは割愛するが、たとえば、掛け売りや紛失などによる損害は一切責任者の負担とするとか、売れ残り品は見切りをつけて古着屋に処分することとか、遊興や悪友との交わりは営業上の利益があっても敢えて禁ずる、などの方針を明記している。大酒や酩酊を慎むこと、健康に留意すべきことなど、私生活にまで立ち入った規則も書かれている。

印刷技術のグーテンベルクや自動車のヘンリー・フォードのようには世界で知られていないが、三井高利がなし遂げた数々の商売のイノベーションは、ものすごいことだと思わないか？

三井高利こそ、日本が誇るアントレプレナーの最初の人だとわたしは思っている。

KEY POINT

### アントレプレナーの必須要件

①ブリコルールである
②「子どもの心」と「志」と「左脳」を同時に持っている
③三つの汗をかける

### ブリコルール

設計図なしで、トライ・アンド・エラーで、すでにあるものを寄せ集めて、ああでもない、こうでもないとイメージしながら、新しい用途のものや情報を生み出していく

### 「子どもの心」と「志」と「左脳」を同時に持っている

設計図なしでもつくれるが、設計図もかける。好奇心と夢と論理的思考力を同時に持つ

### 三つの汗をかける

手に汗をかくほどに、緊張する。
身体に汗をかくほどに、現場に足を運んで現実を見、現物を実体験する。
そして、脳に汗をかくほどに考える

# 第4講

# 「人格者」アントレプレナーの人格を示す「善・知・徳」

# 成功したアントレプレナーは、なぜ、「人格者」に見えるのか？

アントレプレナーの人格について、話を第1講の原始的人格に戻そう。メガロマニアかパラノイアか、あるいは両方か、いずれにしろ、世界に不可逆的な変革をもたらすビジネスを創り出したアントレプレナーは、かなり変な人が多い。普通は友達にしたくないような。

それでも一部の人がかれらについて行くことで、かれらはリーダーシップを発揮することができた。そして、偉業をなし遂げることができた。かれらについていく人がいたのは、かれらは、いやなヤツであると同時に、魅力的なヤツ、憎めないヤツ、あるいは、放っておけないヤツだったからだ。それを、先にお話ししたように、ベリーヒューマン、ヒューメインという。かれらは、人間味溢れるとことん人間的なやつらだった。それは、成功したすべてのアントレプレナーに共通することだ。

かれらは、かなり「普通」から外れた原始的人格があったからこそ、普通の人には見えないものを見、普通の人が見出せない意味を見出し、普通の人にはできなかったことを成し遂げた。それが、ビジネスを通して世の中に広まり受け入れられていくと、当然のことながら、世の中で尊敬を受ける存在になる。

不思議なもので、注目され尊敬を受ける存在になると、人は変わっていく。変わっていくと言っても、原始的人格はきっと変わっていないのだろうが、表面的には確実に変わっていく。**「善・知・徳」の三つの単語で表されるような「人格者」になっていく。**

突然、善と知と徳なんていう言葉が出てきて、これ、哲学の授業だったっけ？　と思ったきみは、哲学に詳しいのだろう。実際、これから少し哲学の話をする。それもアリストテレスだ。あの紀元前4世紀のギリシャの哲学者だ。ギリシャ語のピロソピアー(Philosophia) つまり哲学の原語は「知を愛し求めること」。人間は生まれつき哲学にひらかれている。

アリストテレスは、プラトンの弟子で、その後継者とされるが、プラトンが観念的な哲学者であるのに対し、かれは実学の哲学者として知られている。ラファエロが描いた「アテナイの学堂」ではプラトンは指を天に向け、アリストテレスは手のひらで地を示している。天は観念（イデア論）、地は具体的現実を意味しているようだ。

アリストテレスは、万学の祖とも言われる。理系文系の区別などなく、その根っ子で幹となるあらゆる学問の基礎をつくった人だからだ。そのアリストテレスがとらえている人間に求められる崇高な本質が、「善・知・徳」だ。

なかでも、もっとも重要な概念は、「善」。ひと言で言えば、善く生きること。**もっとも優れている状態に自らを持っていくということが最高善**だという。アリストテレスは、人間で生まれた本質は何なのかを考えて、人間の本質をまっとうするということとが善く生きるということだ、と結論づけた。死後数世紀をかけてまとめられた『ニコマコス倫理学』第一巻第七章では、「人間にとって善とは、生涯を通じての魂の最高の最も優れた活動である」と語っている。

たとえば、家電製品だったら、冷蔵庫は冷蔵庫の機能をしっかりと果たすことで、善をなす。盲導犬であれば、盲導犬に期待されている役割をしっかり果たすことが善であり、競走馬であれば、もっとも速く走ることが最高善となる。

同じように人間であるという本質は何なのかというのを問うて、その人間である本質をもっとももまっとうすること。わかりやすく言うと、**自分が活かされる得意な分野で、全身全霊をかけて一生懸命生きるということ、ベストを尽くすことが、最高善である**、というふうに定義づけているわけだ。

なぜ、アリストテレスの善をいまここで解説しているかというと、それが、アントレプレナーの最終的な人格の完成につながっている概念だからだ。

起業家というのは、自分が実現したい世の中に、未来に、人類に、地球に貢献したいと、誰よりも信じている。どういう根拠かわからないけども、信じている。だからこそ、それについて、誰よりも一生懸命努力をして、あきらめずにやり続けることができる。つまり、善く生きている。自分の本質、存在をまっとうしている。

だから、成功したその人に会うということは、最高善に溢れている人に会うということになる。道半ばの頃に会うと、単なる変人にしか見えないかもしれないけれど、成功してから会うと、善を感じることができるから、不思議だ。

## 「事実知」と「原因知」、そして、人情味溢れる「徳」

「善・知・徳」のうちの「知」。これだけは、アントレプレナーがスタートアップの前から持ち続けていなければいけないものだろう。

さて、「知」とは何か？　もちろん、普通に考える知識とか知恵の「知」なんだけれど、アリストテレスは、人間が生まれ持っている「知」は二つあると言う。一つが事実を知りたいという**「事実知」**。もう一つが、なぜそうなのか、そうなったのかについて知りたがる**「原因知」**だ。

たとえば、子どもが、空に出ている太陽を見て、あれは何だ？　と聞くのは、「事実知」。そして、次に、なぜ太陽は東から出て、西に沈むか？　と知りたくなるのが、「原因知」というわけだ。**要は「知」とは、好奇心という、知ることへの生まれついての欲求**だ。アリストテレス『形而上学』の冒頭の一節「人は誰でも生まれつき知を求める」のである。

ビジネスの世界に当てはめれば、日頃から知りたいことはいくらでもあるはずだ。ソフトバンクとNTTドコモは、どういう点で異なり、どっちがどのようにいいのか？　それはなぜだろう？

半導体の米中摩擦は、何が背景か？　日本政府はどうしてここまで、半導体産業に国家として投資をするのか？

なぜ世界の自動車産業はＥＶ化を進めているのか？　水素自動車は勝てるのか？

どうしてこの雑貨店は人がたくさん入っていて、こちらの雑貨店には人があまり入っていないんだろう？

どう観察しても同じ程度の品質の商品が、５倍も違う値段でそれぞれが成り立つのはなぜだろう？


なんて考えだせば、キリがない。ビジネスの現場にいれば、知りたい欲求が際限なく湧き出してくる。

ビジネスの現場の知の欲求はその多くが原因知だ。


このように人間というのは、本質的に知を欲求する生き物だ。二つの知を先天的に持っている生き物だ。

そして、成功したアントレプレナーには、この知の欲求がとめどなく溢れている人が多い。あらゆる物事に対する好奇心に溢れていて、**あらゆる物事を「事実知」と「原因知」で吸収しようと、とことん貪欲な人**ばかりだ。

だからこその、妄想、執着。つまり、メガロマニアもパラノイアも、底なし沼や青天井の知への渇望が、原始的人格として表出したものに違いない。

そして、成功したあとのアントレプレナーの人格を示す「善・知・徳」の最後の「徳」。アリストテレスの言う徳は、難しいものではなく、原始的人格でいうベリーヒューマン、ヒューメイン。わかりやすいやつ、人間味溢れる人、いいやつ、なぜか嫌いになれない人、といった意味だ。

そもそもヒューメインがないと、最初から誰もついてこないが、成功するとさらに、何かしら欠点があっても、その欠点に目を向けさせないほどの不思議な魅力が輝きだす。愛すべき点がある、優れた性格を持つ、人格者に仕上がっていくことが多い。

アリストテレスも『ニコマコス倫理学』第二巻第一章でこのように語っている。

「優れた知性は主として教育によって習得できるが、優れた性格は理性の領域に属さないものであるから教えることはできず、訓練によって習得せねばならない」

この優れた性格が、「徳」である。

若い頃はとんでもないやつが、最後には人格者に仕上がっていく、それは、原始的な人格があり、チャレンジする何十年もの苦節、苦労をする期間があったのちに成功するからこそ、仕上がる人格なんだろう。

これから、三人の一時代を築いたアントレプレナーをざっとご紹介していく。きみたちにとっては少し古いかもしれないが、きみたちが生きている現代社会になくてはならない社会変容を実現させる元をつくった人ばかりだ。興味を引かれた人物がいたら、自伝評伝などを読んでみることをお勧めする。

アントレプレナー
プロファイル #05

## 世界最大のニュース専門ケーブルテレビCNNをつくった暴れん坊
# テッド・ターナー

**Ted Turner**

1938~ アメリカ、オハイオ州生まれ。TBS創業者、CNN創業者、国連財団会長。
校規違反でブラウン大学を放校処分後、父親の経営する看板会社で働く。1970年、アトランタのUHF局を買収し、'76年に通信衛星で全米のCATV局に番組を供給する、ターナー・ブロードキャスティング・システム(TBS)を設立。'80年にはニュース専門の24時間ケーブルテレビCNN(ケーブル・ニュース・ネットワーク)を創設し、米メディア界の"風雲児"と呼ばれる。'96年タイム・ワーナーによるTBS買収合併でタイム・ワーナーの副会長に就任。

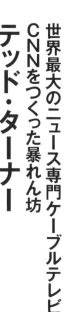

## 自殺した父への想いをバネに

ニュースを見ていると、よく日本でも、CNNによると、といった引用画像が流れたりするのに、お気づきだろうか？　CNNは、1980年に世界初の24時間放送するニュース専門のチャンネルとして設立された。それを設立したのが、テッド・ターナーだ。

若い頃は、海の男ヨットマン・オブ・ザ・イヤーに選ばれ、一方いろいろとスキャンダルも巻き起こす、とんでもない暴れん坊だったが、最終的には、のちにご紹介するビル・ゲイツと同様、国際的な慈善活動家として有名になる。

お金をさまざまな趣味や事業で食いつぶしながら、しっかりとした哲学で慈善活動をやるという、かなり変わった人だ。一時はかれの総資産は100億ドル、当時の日本円で1兆円超まで膨らんだ。そんなときではあるが、なんと10億ドル、いまの日本円にして約1500億円をポンっと国連に寄付したことがある。以来いまでも、かれは偉大なる慈善活動家の先駆者だ。

もともとは父親が広告代理店の会社を経営していて、かれが24歳のときに自殺。1963年のことだ。相続をきっかけに、広告代理店がクライアントとする、メディアのほうへ事業ポジションをシフトしていく。ターナーのビジネスの嗅覚、直感のすごさはここから始まっている。

父親への想いはひと際強かった。最初の創業期を乗り越えられたのも、文字どおり死ぬほど働くことが好きだった父親をロールモデルにしたからだろう。1980年に父を超えるべくCNNの放映を開始、翌年にサクセス誌の表紙を飾る。テッド・ターナーがそのときに行ったスピーチの最中、かれは突然話を中断し、そのサクセス誌を頭上に掲げ、天井を見つめ、こうつぶやいた。「父さん、これで満足かい?」と。

## いち早く、ライブとしてのニュースに注目した先見性

当時はテレビの全盛期だ。テレビで流すコンテンツの中で、もっとも売れるコンテンツは何かを各放送局が模索している時代だ。かれの答えは、ニュースだった。ニュ

ースこそがもっとも価値のあるコンテンツである、とした。バラエティとか、映画とか、ドラマとか、音楽とか、そういうコンテンツの価値にスポットライトが当たるなか、**いま世界で現実に起きているニュースを伝えることこそが、テレビにしかできない優位性である**ことを、かなり最初の時点で見つけ出した人だ。

そして赤字を垂れ流しながらもしつこく、猛烈な執着心をもって、自分たちができるニュース配信を粘り強く続けた。メガロマニアでもあり、相当なパラノイア系の起業家だ。

趣味か仕事かわからないが、アメリカ大リーグ野球のアトランタ・ブレーブスのオーナーになったり、突然監督になったり、全米に200万エーカー(8094k㎡)の牧場で4万5千頭のバイソン(野牛)を飼育してステーキレストランを経営するなど、とにかく好き勝手で破天荒な企業家だ。

CNNを始めた当時はまだ、ニュースなんか一日中やったって売れないよと、みんなに言われた。

ネット時代の若いきみにはピンとこないかもしれないが、ネットもスマホもない当時、ニュースというのは、せいぜい時報とともに5分、10分で終わる番組だった。ニュースを観ない人も多かった。なぜならば、新聞があるから。翌日に新聞を開けばすべてわかるんだから、それでまとめて読めばいい。ライブのニュースに興味を持つ人は、ほとんどいなかった。ニュースが売れるコンテンツになるなんて、誰も気づかなかったし、思いつきもしなかった。

そんななかで、ターナーは、24時間365日、ニュースだけをやっているケーブルテレビジョンのネットワークをつくった。そして、それがやがて、世界最大のニュース配信のケーブルテレビジョンとなった。

いま、インターネット主流の時点で、いちばん売れるテレビのコンテンツがニュースかどうかはわからないが、少なくとも、ライブコンテンツであることは確かだろう。その王者は、スポーツだろうが、スポーツの一大イベントは、年に数回もないし、時間枠も限られている。日々の安定したコンテンツという点では、やはりニュースは、もっとも価値の高いライブコンテンツだろう。ビジネス的に言えば、めちゃ売れる商品になっている。

だから、スマートニュースなど、多くのベンチャーがニュースに挑み、地上波のテレビにも広告を出せている。なぜあそこまで広告宣伝費を使って広告が出せるかと言えば、それだけ視聴者を巻き込むパワーがあるからだ。だから投資家も集まる。

老若男女みんな、ニュースコンテンツはとりあえず、常に見る。速報を見たがる。なぜなら、すぐ話題にできるから。誰々が亡くなったんだって、とか、こんな事件があったんだって、とか、いま、こんなことが起きてるよとか、ＳＮＳですぐに、発信できる。すぐにつくられたハッシュタグのコミュニティに参加できる。

そういうライブコンテンツというのが、いままさに売れる商材になっている。だから、そこにたくさんの広告スポンサーがつく。投資家もつく。そういう現象だ。

こういうことにほぼ半世紀も前にいち早く気がついて、ニュースという新鮮なライブコンテンツを配信する産業をつくった人、ケーブルテレビという産業をつくった人、それが、テッド・ターナーだ。

## ニュースというライブコンテンツをすべての人に開放。権力基盤のよりどころの情報格差を取っ払った

ＣＮＮを圧倒的に有名ならしめたのは、不幸なことだが、湾岸戦争のＣＮＮの現地からの独占ライブ放送だった。中東の湾岸でいま起きている花火のような空爆ミサイルと迎撃ミサイルの撃ち合いを、世界中の視聴者が釘付けになって見入ることになる。当時流行ったテレビゲームのようだったために、Nintendo Warとも呼ばれた。

ターナーが自らの大勝利にほくそ笑んだのは、ホワイトハウスの執務室で、湾岸戦争の様子をＣＮＮをつけっぱなしにしながら、ブッシュ（父）大統領が国民への勝利宣言の記者会見をしたことだ。これこそが歴史を変えた、情報社会を大きく変容させた、衝撃的出来事だった。

なぜなら本来、国家の危機に関わる最重要情報を最初に得ることができるのが権力者の最優先の特権だったからだ。情報格差があることで権力基盤を維持し、情報をコントロールすることによって、権力者はその基盤を強くしていったのが、過去の常識

だった。ところがCNNはそれをひっくり返す。民間の放送局のほうがいち早く現地現場の情報を獲得し、それを即時に、国民全体に向けて流したのだ。

**大統領とCNNを見る国民に情報格差がなくなった瞬間**であった。

社会の常識を変える、これこそがライブコンテンツの力だ。特に、**ニュースというライブコンテンツは、それまで独占され局在化していた情報を、すべての人々に公平に開放**した。

これは、先にご紹介したヘンリー・フォードや三井高利が成したことにも似ている。ヘンリー・フォードが、自動車を大衆に開放したことによって、貴族社会を打ち壊した。道路は貴族が乗る馬車のためではなく、大衆のために利用されるようになった。それと同じように、テッド・ターナーが提供するニュースのライブコンテンツは、庶民に情報をリアルタイムで伝え、一人ひとりが自分自身でその意味を考え、さまざまな判断をすることを可能にした。

つまり、**民主主義を実現するのに非常に役立つ情報産業のインフラをつくってくれた**。この大きな貢献が、来たるべきネット社会に発展的につながっていったのだ。

アントレプレナープロファイル #06

# かれがつくったのは、マクドナルドではない
# レイ・クロック

**Raymond Albert Kroc**

1902~1984 アメリカ、イリノイ州生まれ。マクドナルドの実質的な創業者。
1954年、ミルクセーキミキサーのセールスマンとして、マクドナルド兄弟の元を訪れたクロックは、効率化された調理システムに興味を持ち、フランチャイズ権を獲得。加盟料わずか950ドルとして、店舗数の伸長に貢献。'61年にマクドナルドコーポレーションの買収が成立、'65年に株式公開。同社は徹底したマニュアル管理で、'90年代には全世界で2万店舗以上を展開する世界最大の外食産業に急成長した。

## ファストフード産業をつくった男

レイ・クロック。マクドナルドの創業者としてあまりにも有名だが、かれがつくったものをマクドナルドだけだと思ってはいけない。かれこそが、ファストフード産業そのものをつくった人と言って、差し支えないだろう。

ファストフードのお店そのものは、アメリカにもその以前からあった。日本にも、あちこちに定食屋さんやそば屋さんがあったように。ただ、それを、フランチャイズのナショナルチェーンとするビジネスモデルは、レイ・クロックがはじめてつくった。徹底したフード調理オペレーションを磨き上げたビジネスモデル、ファストフードの産業を、地球上に誕生させたのが、まさにレイ・クロックである。

フランチャイズだから、投資リスクを取って権利をほしがる人や企業が現れれば、世界のどこにでも売れる。世界中に迅速に広げていける。だから、いま、マクドナルドは、共産圏にもイスラム圏にも、世界中にあるわけだが、日本に、それを持ち込んだのは、藤田田《でん》という人で、これまた、すごいアントレプレナーだ。

戦後間もない東大法学部の学生時代、大蔵省の内定も断って、自分でベタな商号の輸入雑貨販売の「藤田商店」を起業していたくらいだから。おそらくは読者の多くとさほど変わらない年齢で何か新しい商売をやる気満々だった。

かの孫正義さんは高校生のときに、すでに大成功した藤田さんが書いた『ユダヤの商法』を読んで感激し、藤田さんに何度も何度もアポの押しかけ電話をして遂には会うことに成功する。孫さんが高校を中退してアメリカに行き、コンピュータを学びソフトバンクを始めることになったのは、藤田さんのアドバイスがあったからだ。

かのユニクロで大成功した柳井正さんも藤田さんの大ファン、そして起業家のロールモデルがレイ・クロックであることは、知る人ぞ知る逸話だ。

藤田さんの話はまた別の機会に、ということで、ともかく、藤田さんは、日本国全体でマクドナルドを展開できるカントリーフランチャイザー権を取得した。そんなふうに、世界展開できる仕組みをファストフード界に取り入れ、一大産業をつくるきっかけをもたらしたのが、レイ・クロックだった、というわけだ。

## セールスマンとして、全米中を渡り歩くうちに

レイ・クロックも、他の著名なアントレプレナー同様、異才の変人だった。もとは、流しのピアニスト。ジャズバーなどでピアノを弾いて回った。それから、セールスマンとして、当時流行り出した紙コップのセールスマンを始めた。全米中のファストフード店を回った。まだ、チェーン化されていなかったから、一軒一軒、回ったわけだ。

そのうちに、紙コップから次に当たりそうなミルクセーキをつくるマルチミキサーを売るようになった。ミキサーのセールスマンとして、全米を一生懸命に渡り歩いたわけだ。

渡り歩くうちに、なんでこの店、お客さん、来てないんだろう、なんでこのお店にはお客さんが集まるんだろうという好奇心がどんどん湧いてくる。先にお話しした「原因知」だ。そして、当然のことながら、紙コップもミキサーも、お客さんがたくさん来る店でないと買ってくれないから、売れている店を見つけては、そこに売り込みを

かける。

あるとき、カリフォルニア州、サンバーナーディーノというところで、マクドナルド兄弟がやっているハンバーガー屋さんに出会った。そこは、なぜか常に行列で、すさまじい勢いでお客さんが来ては、ハンバーガーとフライドポテトを笑顔になって買って行く。日本人と違って、行列することに慣れていないアメリカ人が、行列してまで買っている。

これだけでも驚きだったが、さらに、クロックが驚いたのは、お店の人がその行列をすごい勢いでさばいていたことだ。普通は、さばけない。なぜなら、ハンバーグを焼いて、それをレタスとバンズで挟んで、ピクルスを入れて、からしとかマヨネーズとか、ケチャップを付けて出すという、そういう一連の作業をしなきゃいけないわけだから。

ところが、なぜかマクドナルド兄弟の店はすさまじい勢いでさばいている。

かつ、実は大のフライドポテト好きで、全米中のハンバーガー屋でフライドポテトを食べているレイ・クロックが、このマクドナルド兄弟のフライドポテトを食べた瞬間に衝撃を受ける。なんでこんなにおいしいんだと。

かれはどうしてもその仕組みが知りたくて、最終的にはマクドナルド兄弟に商標権、いままで言うところの営業権を、買い取りたいと申し出る。まさに繁盛している最中だったし、マクドナルド兄弟というのは実は結構お金には欲求が強い兄弟だったらしく、最初は安いことを言いながら、金額はどんどん吊り上がり、最終的には、270万ドルで決着した。1961年当時の270万ドルだから、当時円ドルは1ドル360円、つまり約10億円。今の価値なら50億円ぐらいだ。

## マクドナルド兄弟がうらやむ大成功

レイ・クロックは、この時点で、58歳。実は、その前の1955年には、マクドナルドコーポレーションという、マクドナルド兄弟から商標権を得て、全米でマクドナルドの名前とその仕組みで売っていいという権利を得ていた。52歳のときだ。

いま、仕組みと言ったが、マクドナルド兄弟は、たとえば、ハンバーグのパテを焼いてバンズに挟み込む一連の作業工程について、いままで言うマニュアル化をしていた。

フライドポテトの油管理、温度管理も徹底していた。だから、その店では、素早くハンバーガーがつくれ、かつ、揚げたてのフライドポテトを提供できていた。

それをクロックは、さらに**徹底的にマニュアル化し、見事に再現可能な調理オペレーションとして確立させ、それをもってフランチャイズのチェーン化を展開した**。かくして各地で大人気、行列ができることとなった。

あまりにも大成功したので、今度はマクドナルド兄弟がもっとお金をくれと言い出し、揉めに揉めた末、最終的に、兄弟が運営しているハンバーガー店も根こそぎすべて買い取るということで、1961年、270万ドルで完全に買収が成立した、というわけだ。

ちなみに、なんと、マクドナルド兄弟は売却後、違う名前ながら、同じ製法でハンバーガー屋を始める。いまの契約だったら、こういうことは許されないのだが、当時は、それを禁止する条項がなかった。さすがにレイ・クロックは怒り心頭で、マクドナルド兄弟が新たに開店したハンバーガー屋の前に、自分のマクドナルド店をオープンした。そして、すべての客を奪い、マクドナルド兄弟は店を閉じるしかなかった。

## 中高年の希望の星⁉

この後、マクドナルドは、1965年に株式公開。以後、ハンバーガーチェーンはもちろん、さまざまな競合の参入を受けながらも、店舗数の増加が止まることはなく、2023年現在その数は、世界100カ国、4万店を超える。

ユニクロの柳井さんが手帳に書き込んで、何度も何度も眺め、商売の神髄と評するレイ・クロックの言葉がある。

それは、**「Be daring! Be first! Be different!（勇気を持って、誰よりも先に、人と違ったことをせよ）」**だ。

紙コップも、マルチミキサーも、常に時代の先端をいっていたが、マクドナルドのシステムこそが、そのすべて、集大成だ。

そして、何よりすごいのは、これを人生の後半で勇気を持って取り組んだことだ。

レイ・クロックの伝説人気を支えるのは、起業したときの年齢だろう。52歳から始め、

58歳で、本格稼働。これは、ちょうどきみたちのお父さん、お母さんの年齢だろう。50代からでも、世界のファストフードの産業をつくるような離れ業ができる！

これは、お父さんお母さん世代にとっては、希望の星だ。まだまだ年数のあるきみたちには、もっともっとずっと頑張れる、という励みになる。

ちなみに、レイ・クロックは、第一次世界大戦では、救急車ドライバーの訓練を受けて、衛生隊にいた。そのとき、同じ衛生隊にウォルト・ディズニーがいた。だから、レイ・クロックとウォルト・ディズニーはアントレプレナーの好敵手であり、友だちでもある。これまた、夢のあるエピソードじゃないか。

# 世界一の富豪にして世界一の慈善活動家への華麗なる変身
# ビル・ゲイツ

**William Henry Gates III**

1955~ アメリカ、ワシントン州生まれ。

Microsoft共同創業者。

1975年、ハーバード大学在学中に幼なじみのポール・アレンとソフトウェア会社Microsoftを設立。'81年に IBM初のパソコンに向けて、他社製品を買い取り修正を加えたOSを自社製品MS-DOSとして非独占のロイヤリティ方式で発売、'80年代中頃にはアメリカのパソコンのOSの業界標準となる。

先に、CNNをつくったテッド・ターナーを慈善活動家としてもご紹介したが、現代の筆頭の慈善活動家と言えば、やはりビル・ゲイツだろう。

GAFAが生まれる以前、そもそもGAFAが生まれる基盤とも言える、パソコン、つまりパーソナル・コンピュータの産業を生み出したレジェンドのアントレプレナーだ。そのベンチャーの名は、Microsoft。そう、みなさん、よくご存じのWindowsのMicrosoftだ。

MicrosoftのパソコンSurfaceのシェアはわずか2%と、トップのAppleの16%に大きく水をあけられているが、Microsoftが開発したOSのWindowsは、シェア68%と、いまでも世界のパソコンの標準であると言っても過言ではない。

その創業者であるビル・ゲイツは、1990年代から2016年まで最も長く、常に、世界の富豪ランキングのトップレベルに君臨してきた。

そして、いまやその有り余るお金を基金にしたビル&メリンダ・ゲイツ財団を通じて、世界の貧困を救ったり、マラリアからアフリカなどの子どもたちを救ったり、あるいはポリオという病気の撲滅に動いたり。希代の企業家というより、慈善活動家であり、教育家だ。まさに、「善・知・徳」を三点セットで備えている人格者となった。

## 天才的頭脳の悪ガキ？

でも、ビル・ゲイツが最初からそんな「人格者」であったわけではない。それどころか、とんでもない若者だった。

中学生の頃から、IQ160と言われた頭脳の持ち主で、プログラムいじりが大好き。いろいろなプログラムを書き換えて、人にカマを掛けたり、騙したり、いまの時代だったらつかまってしまうような、いろいろな悪さやいたずらをしていた。

高校のときにはすでに、後に、Microsoft社をともに立ち上げることになる幼なじみのポール・アレンと一緒にベンチャーをつくって、いろいろなプログラムを開発しては売上を立てていた。

頭が良かったから、大学はハーバードの法学部に進むことになったが、全く勉強しない。やっていたのはポーカーばかりで、それもずるしてお金を巻き上げたりで、学内でも悪評判だったようだ。で、2年留年のあげく、ついには、中退。でも、その間も、アレンと一緒に、いろいろなプログラムを開発して小遣い稼ぎはしていたようだ。

そこでつけた二人のチーム名がMicrosoftで、1975年、まだゲイツがハーバード大在籍中に、アレンとともに開発したBASICというプログラム言語を動かすためのソフトの開発は大きなお金となり、それをきっかけに、Microsoft社を設立したと言われている。

## 大型コンピュータ時代のパーソナル・コンピュータへの着眼

かれの業績は、Appleのスティーブ・ジョブズたちと並んで、パーソナル・コンピュータの基礎をつくったことだ。

1970年代当時、コンピュータと言えば、IBMが世界中に提供していた巨大なオフィス・コンピュータだった。大きな企業が大金をはたいてでないと、買えない、稼働させられないもので、そのコンピュータ業界に君臨するのが、IBMだった。そんな中で、いずれ、一人ひとりが自分の机の上で使えるパーソナルなコンピュータの時代になる、そう予言したのがビル・ゲイツであり、スティーブ・ジョブズだった。

この二人は、生涯にわたってライバルとなっていくわけだが、きっかけは、ジョブズが先に、AppleIIというパーソナル・コンピュータをつくってしまったことにある。

ゲイツは焦ったが、ゲイツ以上に焦ったのが、IBMだった。

パーソナルなコンピュータの時代なんてくるわけないと、鼻であしらっていたIBM（なにしろ、社名は、International Business Machinesの略だ！）も、大きなビジネスマシンだけでは食われてしまうと悟ったんだろう、古手の経営戦略で定石的な打ち手とされる「同質化の戦略」を仕掛けた。

なんか、すごそうなネーミングだが、要するに、まねっこ。二番煎じ。差別化をアタッカーに仕掛けられたら、それをまねて同質化でお返しするというリーダーの常套手段だ。IBMパソコンと名づけたAppleIIとそっくりのパーソナル・コンピュータを出すことにしたわけだ。

けれども、もともとIBMはパーソナル・コンピュータを、おもちゃみたいなもんだと、馬鹿にしていた。当時のオフィス・コンピュータに比べれば、たしかにおもちゃみたいなものだった。だから、自分のところではOS、オペレーティング・システムを開発しようとしなかった。これが、ビル・ゲイツのチャンスとなった。

この話を聞くや、直ちにその売り込みに成功して受注。でも、自分たちにも開発する時間がなかったから、なんと別のベンチャーから安く仕入れて、それに手を加えて納品した。それが、MS－DOS（エムエスドスと読む。Microsoft - Dosの略）だ。なお、DOSというのはDisk Operating Systemの略で、文字どおりコンピュータのディスクドライブを制御するソフトウェアのことを指す。

若いきみたちは初めて聞く名前かもしれないが、お父さんやお母さんに聞いてみるといい。わたしたちが若い頃、富士通や東芝なども含め、AppleII以外のパソコンのシステムはほとんど、このMS－DOSだった。いまや、誰もが知っている、現在のWindowsにつながる原型だ。

## つくる前から受注する、メガロマニア！

さて、ここで注目すべきは、**まだDOSをつくる前から、ゲイツたちは受注してしまった**ことだ。まだないのにあると言い、つくっていないのにつくっていると言い、受注してから必死になってつくる、間に合わなければ外から買ってくる、そういうことを結構平気でやっていた。メガロマニアの一種。ゲイツは、そういうタイプの人間だった。だから、友達にはしたくない。周りには迷惑という存在だったのだが、大天才の自分とアレンという天才もいたので、たいてい、どうにか口約束で済まさないことができた。

ただ、このMS－DOSについては、どうしても納期に間に合わず、別のベンチャーから買ったわけだが、そのときの買取金額はたったの7万5千ドル。自分たちの製品の価値が見えていなかったところにつけ込んだんだろう。のちにバレて、92万5千ドルを追加請求されて応じることになったが、それでも、それをもとに

Microsoft社とゲイツが築いた資産から比べたら、砂粒にもならないほどの端金だ。

## 売り切りではなく、非独占のロイヤリティ式で。未来が見えていたビル・ゲイツと見えていなかった巨人IBM

ともあれ、最初1000万円弱で仕入れて、ちょこっとプログラムを修正したものが、無事、IBMで採用されることになった。IBMは、5億円だったか10億円だったか、そんな金額で買い取ると提示してきた。1000万円が10億円！　普通は、やったー！　と思うだろう。しかし、ビル・ゲイツは首を縦に振らなかった。ここが、次に注目すべき点。ビル・ゲイツの最高にすごいところだ。

丸ごと売って手放すのではなく、知財（知的財産権）は、自分たちのものとし、IBMからは、使用料をいただくと。IBMパソコンが1台売れるごとに、そこに入っているMS-DOSの権利も1台分売れる、そういう課金の仕組みを提案した。仮に一台50万円のパソコンの0・2％をいただくだけだとしても、1万台も売れれば、元がとれてしまう。

いまでは当たり前のビジネスモデルだが、当時はそんな発想もひな形もなかった。まさに、天才ビル・ゲイツだ。いずれ、多くのメーカーがつくり始め、世界中の人々が使うことになるパーソナル・コンピュータの未来が、メガロマニアのかれにはくっきりと見えていたからだろう。しかし、ＩＢＭには見えていなかった。軽々と提案に応じた。かくしてMicrosoft帝国の礎が誕生したわけだ。

なお、ＭＳ－ＤＯＳに対して、AppleIIのＤＯＳは、AppleDOSと呼ばれ、現在、Appleのスマホを持っている人ならいつも目にしているiOSに発展するシステムだ。当初、パーソナル・コンピュータの世界を圧倒的にリードしていたAppleが、その地位をMicrosoftに譲ることになるのは、このAppleDOSは、スティーブ・ジョブズのこだわりからか、Appleのパソコンにしか使えなかった、つまり、一切他のパソコンメーカーには開放されていなかったのに対し、ビル・ゲイツは、**自分たちのＭＳ－ＤＯＳをＩＢＭのパソコンに限らず、世界中のパソコンに開放すると英断した**ことにあった。

繰り返しになるが、それこそが、世界一の大富豪ビル・ゲイツを誕生させた。もし、最初、目先のお金につられて、ＩＢＭに売り切ってしまっていたら、たかだか10億円でおしまいだった。けれども自分たちが所有権を持ったまま、世界中のパソコンに導入することで、いわゆるチャリンチャリンと音が鳴り続けるビジネスが実現した。自動的にお金が入ってくる仕組み、今のSaaSモデル（Software as a Serviceソフトを買い切りではなく、ネットを通じて利用する形式）の先駆けだ。

実際、日本の東芝、NECはもちろん、アメリカのデルやコンパック他、世界中のパソコンメーカーが、MicrosoftのＯＳを導入した。現在、パソコンメーカーの売上高ではAppleが世界一位だが、ＯＳについては、世界市場シェアの68％をWindowsが占めている。

まさに、ビル・ゲイツには、見えないものが見えていた。ある意味、ジョブズにすら見えなかったものが見えていた。だからこそ、１９９４年から２００６年までの13年間連続で、世界長者番付の一位という偉業を成し遂げた。

1兆円を持っていたら、たとえ金利が1％でも年間100億円、8％なら800億円の利子がつく。その利子をプロが運用して、リターンが10％を超えることも珍しくなく、といった具合に、お金がお金を生んで、まさにトマ・ピケティ『21世紀の資本』(もし、この本を知らなかったら、全部は理解できなくてもいいから、読んでみるといい)で指摘される富が富を生む構造でうらやまれる超富裕層に、いち早くなった人でもあった。

## 変人ビルを世界一の慈善家に変えたのは？

冒頭に書いたように、ビル・ゲイツは、ビジネスとプログラミングについては天才だったが、それを超えるぐらいの、かなりの変人だった。

とにかく狂ったようにプログラミングに没頭する。大学生のときには、ご飯も食べず、キーボードの横に粉ジュースの缶を置いて、水にも溶かさず、手で掴んで口に入れる。床に寝て、眼鏡も拭かず、セーターは穴が開き、シャツには染みがついていた。天下の公道をスポーツカーで150キロで飛ばして、警察に捕まって拘置所に入るなんてことも、一度や二度ではなかった。その車の後部シートには大好きな牛乳の空のパックが散乱していたそうだ。

そんなかれが変わったのは、メリンダと結婚したことが大きいという。早々に会社から身を引くと、メリンダと一緒に世界の人たちを救うビル&メリンダ・ゲイツ財団をつくる。この財団は、世界最大の慈善基金団体で、世界の貧困の根絶、ポリオ根絶などのグローバルヘルス、米国の全国民への中等高等教育の促進をおもな活動とする。

やはり世界第2位、3位を競う大富豪で投資家のウォーレン・バフェット氏の史上最大の寄付もあり、現在の基本財産は600億ドルを優に超える。かれらは、すでに遺言を残していて、それは夫婦の死後50年間で財団の資産を使い切ってくださいというものだ。

かくして、とんでもない変人だった若者が、善・知・徳、本当にすべての人格を備える人となった。と、終えたいところだったが、2021年、ビルとメリンダは突然、27年間の結婚生活に終止符を打った。原因は、ビルが財団の女性職員複数に対するアプローチをしていたとか、また、かのエプスタインとの近しい関係をメリンダが嫌ったことにあると言われているが、真相はわからない。ちなみにエプスタインというのは、児童買春で有罪判決後に自殺したとされるアメリカのかつての謎だらけの投資家であり大富豪だ。

夫婦関係は解消したが、ビルとメリンダは財団の慈善活動は変わらず共に続けると明言している。

さて、若いきみには、このビル・ゲイツのぶっ飛んだ人格、どう見えるだろうか？

## KEY POINT

成功したアントレプレナーは、
少なくとも表面的には、
「人格者」になっていく

人格者とは、「善と知と徳」を備えた人

善とは、善く生きること。
もっとも優れている状態に
自らをもっていくこと。
ベストを尽くすこと

知とは、
事実を知りたいと思う「事実知」と
その原因を知りたいと思う「原因知」に
あふれる知的欲求

徳とは、「原始的人格」の「ヒューメイン」。
欠点があっても
なぜか憎めない人間的魅力。
経験とともに磨かれる優れた性格

# 第5講

# DX時代をつくるアントレプレナーたち

人格面から起業家を見ていこうということで、ちょっと古い三井高利、ヘンリー・フォード、レイ・クロックなど、歴史的な産業界をつくってきた起業家を紹介してきた。では、現在進行形で、いま、わたしたちが生きているこの世の中で注目すべき起業家とは？　と言われたら、誰を挙げるだろうか？　先に挙げたビル・ゲイツ？　いま、世界一の資産家で、さまざまに物議を醸しているイーロン・マスク？

では、日本人なら？

孫正義はすでにご紹介した。楽天の三木谷浩史？　いまはモバイル事業がなかなかうまくいかなくて苦戦しているようだが、孫さん、ユニクロの柳井さんと並んで、いまの日本を代表するアントレプレナーではある。ただ、何か新しい産業界をつくったかと言われると、ちょっとおぼつかない。

あとはと言うと、遡って、ホンダの本田宗一郎、トヨタの豊田佐吉や喜一郎、ソニーの井深大や盛田昭夫、みんな、若いきみたちにとっては、織田信長と同じくらい歴史上の人物だろう。日本電産（現ニデック）の永守重信や京セラの稲盛和夫なら、もう少し新しいが、若いきみにとっては、これもまた、ものすごいおじいちゃんということになるだろう。ロールモデルにはしにくい。

つまり、いまの日本には、残念ながら、これからの世界をリードするビッグなアントレプレナーが少ない。第四次産業革命の時代の真っただ中にあって、そのアントレプレナーたる担い手が、日本からは生まれてきていない。やはり、世界の長者番付の上位を見てもわかるように、いまはＡＩを含めたＤＸ（デジタル・トランスフォーメーション）の時代だが、そこで世の中を先導し、大きな変革を起こす起業家たちは、アメリカに偏って出現している。

残念なことではあるが、これから、アントレプレナーを目指すのだったら、少なくともＧＡＦＡＭはじめ、NVIDIAやテスラ、OpenAIなどのベンチャー企業群の創業者のことぐらいは、知っておいたほうがいいだろう。

ということで、この講では、まさに現在進行形で、新しい産業をつくりつつある起業家たちを紹介していこう。あまりにも有名な人たちだから、すでに知っていることも少なくないかもしれないし、ちょっと調べれば出てくることでもあるが、復習の意味でも、ざっとお読みいただきたい。

# そしてかれは、伝説となった
# スティーブ・ジョブズ

**Steven Paul Jobs**

1955~2011 アメリカ、カリフォルニア州生まれ。Appleの共同創業者。
1976年、スティーブ・ウォズニアックとAppleコンピュータを設立。'77年パソコンのApple IIを発売。'84年マウスとGUIを採用した画期的なパソコン、Macintoshを発売。しかし売上は伸び悩み、'85年にAppleを追われたが、'96年に復帰。iMacをヒットさせ、2000年にCEO就任。'01年にiPod発売、'03年にiTunes開始。さらに'07年にiPhoneでスマートフォンを、'10年にiPadでタブレット端末を普及させた。

売上では、ウォルマート、Amazon、中国の石油関係の企業の後塵を拝しているものの、時価総額では、2023年もAppleが世界一だった。そのAppleの起業家、創始者がスティーブ・ジョブズだ。会社は、まさにいまが盛りであるが、ジョブズは残念ながら現在進行形の人ではない。ビル・ゲイツと同時代の人だ。2011年、56歳という若さで、この世を去った。膵臓がんにはじまる6年間の闘病生活の末だった。

余談だが、かれがもう10年遅く生まれていたら、あるいは、かれがもう10年後に膵臓がんになったのであれば、遺伝子治療や第五のがん治療法、さらには別のがんを完治する治療法を実現する革新的なベンチャーの出現によって、かれは、もっと長く生きられたかもしれない。この分野でのApple並みのがん治療ベンチャーの登場が待たれる。

## ビル・ゲイツの不倶戴天の敵！

スティーブ・ジョブズはいまはこの世にないが、かれが残したものは、いまも現在進行形で世界を変革しつつある。亡霊か守護神のごとく現在進行形で生きているかのようなAppleの快進撃が続いている。いまでは、生きているビル・ゲイツが、パーソナル・コンピュータの父と言われているようだが、ビル・ゲイツも、ジョブズなくして、あれほどMicrosoftを成長させることはできなかっただろう。

かれらは、互いに、いわば不倶戴天の敵だった。互いに罵り合うような関係だった。言葉遣いが上品とはほど遠いジョブズはビル・ゲイツのことをボロクソに言っていたし、やや上品なビル・ゲイツは、スティーブ・ジョブズのことは決して好きではないという言い方で、いつもジョブズを中傷していた。

二人は、本当に同時代の強烈なライバルだった。自分のビジョンの中のパーソナル・コンピュータの世界こそが地球規模で普及すると確信し、がっぷり戦っていた。多くのことがそうであるように、この二人が強烈なライバルとして戦ってくれたおかげで、パーソナル・コンピュータ産業は急速に進化し、職場から家庭へと、どんどん普及していった。

## ジョブズの美的感覚が生み出すAppleの世界

わたしは、最初、MS－DOSの入ったIBMのパソコンを使っていたので、次に、AppleのMacintoshを使うことになったときの衝撃は忘れられない。戸惑いと言うべきか。なにしろ、説明書がなかった。何も説明がなかった。ただ、使えと。使って自分で試せと。そういうタイプのパソコンだった。その分、最初から、ユーザーフレンドリーではあった。使っていくと、自然に使えていくようになる代物であった。

これに対して、ビル・ゲイツのMS－DOSというのは、とにかく分厚い説明資料があって、そこに示された順番に、呪文のようなプログラムを打っていかないと、立ち上がらないという、そういう思想のものだった。Windowsになって、Macintosh同様、アイコンをクリックして操作するようになったが、それでもまだ、MS－DOS時代のマニュアル至上主義の香りを随所に感じる。

それ以上に、Macintoshのどこが Windowsと違うかと言ったら、やはりそのデザイン性だろう。ハードウェアだけではない。とにかくフォントが美しい。画面に表示されるフォントだけではない。プリントアウトするときのフォントも美しかった。

いまでこそ、どのパソコンでも、いろいろなフォントを選んで出力することができるが、当初は、だいたい定型的なフォントしかなかったなかで、Macintoshには最初から、さまざまなフォントがインストールされていた。スタイリッシュなフォントから、わけのわからない飾り文字まで。問題は、Apple以外のプリンターでは、そのフォントが印刷できないことだったが。

ジョブズは、とにかく芸術性にこだわる人だった。この点では、ＩＴ系の起業家はもちろん、現在進行形のすべての起業家の中でも突出している。傑出している。とにかく美的感覚に優れる人だった。あらゆる製品に対して妥協なく美意識を貫くところに、かれの信念があり、それが、Appleの世界観をつくりだしていた。いまもそれは引き継がれている。

## 天才プログラマー、スティーブ・ウォズニアックとの運命の出会い

人格というか、私生活で、ジョブズがビル・ゲイツともっとも異なるのは、ジョブズは、必ずしも幸福ではない子ども時代を送った人だったということだろう。本当の父親とは、結局、生涯会っていない。ジョブズというのは、幼い頃に引き取ってくれた養父母の姓だ。

ジョブズもビル・ゲイツ同様、小学生の頃から並外れた知能を示し、飛び級で中学に進学した。13歳のときには、ヒューレット・パッカードの組立キットの中に部品がひとつ足りないのを見つけ、創業者で会長のビル・ヒューレットの自宅に電話をかけて「周波数カウンタの部品をください」と言ってビルを感心させた。ビルがそのときに「よかったら、夏休みにうちの会社でアルバイトをしないかい?」と誘ったのが運命のはじまりだ。その会社の子どもたちのための「探検クラブ」で生まれて初めてコンピュータと出会った。

そして、16歳のときに、学校のコンピュータクラブの友人に、当時21歳のスティーブ・ウォズニアックを紹介される。まさに、運命の出会いだった。詳しくは、最後の講でお話しするが、ウォズニアックなくして、Appleは生まれなかっただろう。そのくらいの運命の出会いだった。

その年の秋、ウォズニアックの母親にもらった『エスクァイア』誌に掲載されていた当時のブルーボックス（不正に無料で長距離電話をかけることを可能にする装置）についての記事を読んだ二人は、AT&T（ベル社　アメリカのNTTみたいなものだ）の技術資料を見つけ出すと、それを元にウォズニアックがオリジナルのブルーボックスをつくり上げてしまう。

ウォズニアックは装置をつくったことで満足したが、ジョブズはこの装置を1台150ドルで、学生に売りさばき、最終的に200台余りを売って、二人は大金を手にした。不正でアブナイ商売だったが、このいたずら経験が、やがてウォズニアックといっしょにAppleをつくるきっかけになった。

やがて、オレゴン州のリード・カレッジという高額な授業料で知られる大学に進学するが、授業料が払えなかった。学部長に直談判して無料でもぐりの講義の受講を許してもらい、東洋宗教とカリグラフィー（飾り文字）を受けたことがのちにかれの美的感覚の根っ子として役に立つ。

ウォズニアックが当時いたコンピュータゲームの会社のアタリでバイトをしながら、少しばかり貯めたお金で憧れのインドへ放浪の旅に出かける。当然、大学も中退となった。かれは、当時流行っていたヒッピー文化に心酔し、うろうろと裸足で動き回り、それも何日もお風呂に入らず、汚れた服ですごしていても平気だったようだ。メガロマニアでパラノイアの両方を兼ね備えるアントレプレナーの原始的人格を持つジョブズだが、その前に、かなりの奇人変人であったことは間違いない。

放浪から戻ったジョブズをアタリは再度迎え入れる。あるとき、ブロック崩しゲームの回路設計をできるだけ部品を減らしてつくるようにアタリの社長ブッシュネルから命じられる。5000ドルの報奨金付きだ。ジョブズは、すぐに自分の手には負えないと判断し、こっそり、天才ウォズニアックに協力を依頼。かれのおかげで、

5000ドルの報奨金を手にした。ところが、こともあろうに、ジョブズは、ウォズニアックには、700ドルの報奨金だったと嘘をついて、半分の350ドルしか渡さなかった。これはよく知られているエピソードだ。ジョブズがなかなか商売人というか、人格的には褒められた人じゃなかったことがわかる。

これはすぐにばれて、さすがのウォズニアックもジョブズを疎んだが、その翌年にはすっかり仲直りして、二人でApple Computer Company（アップルコンピュータ・カンパニー）を創業している。ウォズニアックが真の人格者だったのか、あるいは、決して人格的に評判がいいわけでなかったジョブズだが、どこか憎めない人間性を持った人だったのか。ヒッピーでインドを放浪する人はベリーヒューマンなのだと思いたい（かく言うわたしも、大学のときにインドでバックパッカーをしたものなので）。

## Windows派対Mac派、Android派対iOS派

ジョブズは、コンピュータをいじることはもちろんできるし、アタリという当時最先端のゲームメーカーに勤めていたこともあるくらいだから、パソコンに遠い存在で

はないものの、複雑な仕事をウォズニアックに頼むくらいだから、実は、優秀な技術者ではなかった。ウォズニアックというまさに天才的な技術者が一緒にいたから、かれのおかげでMacintoshを完成させることができた。二人が協働してつくった初期のAppleIIはその二人の役割がよくわかる仕上がりとなった。

ウォズニアックは技術者として色や音や画像が鮮明な高性能なコンピュータにしたい、と。一方ジョブズは七色のひとかじりしたリンゴのマーク、Appleのロゴをつけた、外側をプラスチックで覆うシンプルなフォルムのコンピュータデザインにした。これは同業者にとっても、ユーザーにとっても、まさに意表を突かれる、驚くようなパソコンとなった。

ジョブズには、美的感覚やビジネス感覚があった。そしてジョブズには、徹底して、自分たちAppleのコンピュータはこうあるべきだという信念とビジョンがあったのだ。

1980年代、世の中では、お前はMacintosh派か、それとも、Microsoftでいいのか、というのが、どこの職場でも必ず一度は交わされる会話になっていた。いまでも、そうかもしれないが。

当時わたしが勤めていたアメリカの銀行では、マーケティング部門だけがMacintoshで、あとはMicrosoftだったので、全く互換性がなかったのだが、マーケティング部門が出すドキュメンテーションはすべて美しかった。

いまでは、企業が全部どちらかにしているようだが、出版社では、グラフィックデザイナーやクリエイターとやりとりする機会の多い編集部はMacintoshで、それ以外の、管理や営業の部門はMicrosoft、というのが珍しくないようではある。現在も残っているAppleの世界と、Microsoftの世界というのは、いまだに、ジョブズとビル・ゲイツの二人のライバル関係のまま、世界中に普及している状態になっている。ある意味、それぞれがとことんすごいからだ。

そして、いまもスマホでは、AppleのiOSで動くスマホと、Googleが開発したオープンソース系のAndroidベースのものの二つに分かれている。これは、やはり強烈な創業者であるスティーブ・ジョブズがいたおかげでというか、いたせいだと言わざるを得ない。Appleは常に、独自の世界を歩み続けているということだ。

で、きみのスマホは、どこのものだろうか？　実は、AppleのiPhoneがこれほど普及しているのは、日本だけだ。地球上で、Appleの世界観を真に理解しているのは、本場アメリカのクリエイター系の人と日本人だけかもしれない。世界ではiPhoneはどんどん飽きられていっていて、もうちょっと安いAndroidベースのものとか、あるいは中国のファーウェイだとか、シャオミだとか、オッポだとか、ビーボだとか、そういったほうのスマホに結構シフトしているらしい。

とはいえ、Apple社の時価総額は、相変わらず、世界一だ。この後、どうなっていくのか、ジョブズは、いまの状況を天国で、どう見ているのだろうか？

## 自分が雇った経営者に、自分の会社から追放されて……ピクサーで、ディズニー映画を一変させる

さて、ジョブズが、あまりにも強烈に自分の美意識を社員に押し付けるさまは、かなりの変人、パラノイアだ。夢見るメガロマニアでもある。ビル・ゲイツもそうだったけれど、かれより強烈だったんだろう。1985年、Macintoshのデビューの翌年、ジョブズはなんとAppleから追い出されてしまう。創業者なのに。それも、自分で頼

み込んで迎え入れたプロ経営者、ジョン・スカリーによって。

自分が創業したベンチャー企業から追い出された創業者は、ジョブズ以外にほとんど聞いたことがない。かれの解任を決定する取締役会で、かれにつく取締役は一人もいなかったというから、どれだけみんなに嫌われていたか、ということだ。

ここからかれの人生は大きく転換する。仕事や家族の環境が大きく変わっていくなかで、いよいよ人格が形づくられていく。

実は追い出されたあとに取り組んだネクスト（コンピュータのベンチャー）やピクサーは、事業としては最初はあまりうまくいかなかった。特にネクストはAppleに対抗したジョブズのリベンジのようなあがきだったが大失敗。一方ピクサーはファンだった『スター・ウォーズ』のジョージ・ルーカス監督の映画制作会社のコンピュータ部門を買い取って、ピクサーという名前をつけた会社だ。子どものこころを取り戻したジョブズにとっては、おそらくこれを人生をかけてやり遂げたいとの想いだったのではないかと思う。最初はこのコンピュータグラフィックスのハードとソフトを売ろうとしたが失敗。個人資産を5千万ドル（約70億円）つぎ込んで支えたが厳しい状況まで追い込まれた。

ここでのジョブズの天才ぶりが、ハードとソフトの販売はあきらめて、映画の制作を請け負うというビジネスへの転換の大決心をしたことだ。ディズニーを得意のプレゼンで説得し、制作費を出してもらって、あの『トイ・ストーリー』という世界的大ヒット作を生み出したのだ。きっときみも一度は観たことのある独特のCGのアニメーション映画だ。ピクサーが手がけるアニメは、その後も世界の映画ファンをひきつけた。そしてディズニーもひきつけた。いまでは、ピクサーは、ディズニーの完全子会社になっている。

ジョブズがなしたのは、シリアル・アントレプレナーといって、連続して起業して成功し、尊敬を集めるアントレプレナーのオリジナル、はしりとなったことでもある。このピクサーにとどまって人生を楽しんでもよさそうなものだが、ぐるっと回って、結局、ジョブズが去ったあと低迷して苦しんでいたAppleに復帰する。二皮も三皮もむけた状態の、本当に神がかった人格者としてかれは戻ってくる。

最初に、不倶戴天の敵だったMicrosoftのインターネット・エクスプローラーを

Appleは採用すると宣言。ジョブズのそのプレゼンの会場の巨大なスクリーンに、ビル・ゲイツが笑顔で登場するというサプライズの演出付きだった。会場はブーイングもあったが、神がかったジョブズの狙いどおり、見事にAppleは再生のスタートを切ったのである。

そして打ち出すのが、カラフルなスケルトンカラーのiMac。さらに音楽業界を根本的に変えたiPod、そしてiTunesだった。まさに神がかりとしか思えない大驀《ばく》進劇だった。

## プレゼンのスタイルも変えた！

ジョブズのプレゼンテーションのYouTubeを見たことがあるだろうか？　見たことがない人も、TEDなら一度は見たことがあるだろう。TEDのあのプレゼンテーションのスタイルをつくったのが、ジョブズであり、ジョブズが最初にそれを始めたのが、iPodのアメリカでのライブのプレゼンテーションだった。

わたしもiPodのプレゼンは、シリーズでほぼライブで観た。いまから考えればすでにがんに侵されはじめていたころだ。特にiPod nanoのプレゼンは、ソニーの敗北を悔しくも認めざるを得なかった瞬間として忘れられない。

スリムなジーンズに黒のタートル姿で出てきたかれは、「今日すごい発表があるんだ。みんなここに小さいポケットあるの、知ってた？　これって何のためにあるポケットなの？」と、ジーンズの内側のコインを入れる小さなポケットを指さす。そして、「いやはや、いままさに、すぐにわかるよ！」と言って、そこからiPod nanoを取り出す。

これがまあ、大感動の渦。当時からAppleは、新商品の情報が外に漏れないよう情報管理を徹底する。だから、メディアも関係者も視聴者も、どんな製品発表をするんだろうと、ジョブズ自身が出てきて、プレゼンテーションするのを固唾を呑んで見守る。そこにコインポケットから、とっても美しい、未来を感じさせるiPod nanoがすっと出てくるわけだから、わたしも、背筋に何かが走るような感動をおぼえたものだった。

復帰後のジョブズは、Appleの新製品の発表会のときには、必ず、巨大な講堂にT

EDのような会場をつくり、メディアや関係者、開発に携わったAppleの社員を全員集めて、あの独特のプレゼンテーションを行った。

余談だが、そこでジョブズがいつも着ていた黒のタートルのカットソーは、イッセイミヤケに依頼した特注品だ。1980年代、かれが当時憧れていたソニーの盛田昭夫を訪ねたときにひらめいたものだという。

## そして、世界中の人々の生活を革命的に変えたiPhone。スティーブ・ジョブズが人類に残してくれたもの

このiPodが、現在のAppleワールドを拡張する象徴的起爆剤となった。草創期のMacintoshも当時としてはすごかったが、このiPodの成功こそがAppleを爆発的に成長させた。iTunesというプラットフォームとともに、わたしたちの生活にある音楽との関係、そして、音楽業界の構造を変容させた。

そしてAppleワールドを決定づけたのがiPhoneだ。iPhoneは、iPodがあったから

生まれた。そして、音楽だけではなくわたしたちの社会、地球上の人々の生活を、革命的に一変させた。真似をした競合商品の相次ぐ追随もあって、まったく新しい産業とその仕組みを大きくつくり変えていったのだ。

iPhoneは、まさに世界をリードするデバイスだったが、日本ではしばらくガラケーと呼ばれる従来からの携帯電話が主流だったように、当初は、一部の新しもの好きの愛用品だった。iPhone3あたりから一般にも広がり始め、iPhone4から、世界中で爆発的にヒットした。それを見届けるかのように、ジョブズは亡くなった。

臨終の直前の言葉は、「Oh wow, Oh wow, Oh wow.」だったと、その場にいたジョブズの妹は語っている。

ジョブズの訃報を聞いて真っ先に口を開いたビル・ゲイツは言った。

「僕らは運よくスティーブと一緒に仕事ができた。めちゃくちゃ素晴らしいことだったよ」と。

スティーブ・ジョブズは、ビル・ゲイツとともに、パーソナル・コンピュータという新しい産業を創り出すことによって、世界に貢献した。そしてiPodやiPhoneを世に問い、生活と社会の行動様式や価値観をも変えた。

余談だが、先ほど触れたピクサーによるアニメーション映画のイノベーションは、アメリカ映画界発展に大きく貢献している。

実は、20世紀末当時、ディズニーは宮崎アニメを恐れていた。日本からのアニメーションが世界を席巻するんじゃないかと。絵もストーリーもマンネリ化していたディズニー・アニメーションに対し、スタジオジブリのアニメには、哲学的とすら言えるメッセージ性と人類の社会課題に呼応する社会性があった。子どもたちの成長物語としての文学性があった。その宮崎ワールドの前に、ディズニーは、いかにも薄っぺらなエンターテイメントにうつった。

そこに、現れたのが、トイ・ストーリーであり、ジョブズがつくったピクサーというのが新しいアメリカン・アニメーションのスタイルだった。ピクサーを子会社とした現在のディズニーのアニメには、『アナと雪の女王』はじめ、いたるところに、そのスタイルが継承されている。

そう考えると、世界中でヒットする、新しいアメリカン・アニメーション産業が生まれるきっかけをつくったのもジョブズだったと言える。

最後にもう一度、iPodとiPhoneについて、余談を一つ。

iPodは、きみも知っているかと思うが、ソニーがつくったウォークマンの文化を引き継いでいる。ジョブズは、ソニーの共同創業者である盛田昭夫を尊敬していて、盛田さんが亡くなったときには、かれの遺影をバックにスピーチしている。

だから、iPodは、ウォークマンをパクったものだとも言えるが、本来は、ソニーがやるべきことをやらないから、ジョブズがやった。盛田さんが開いた若者の文化をiPodで実現した。世界中の音楽産業を変えた。

何より大きかったのは、iPodの普及に合わせて、iTunesという、世界中の音楽を自由にダウンロードできる世界を生み出したことだった。それまでの、レコードやCDの売上によって成り立つという音楽産業のビジネスモデルを破壊し、新しい産業の仕組みをつくった。

そして、iPhone。いまでは、多くのスマホメーカーがあるが、先鞭をつけたのはiPhoneであることは間違いない。それは、従来のいわゆるガラケーとは徹底的に違っていた。それは携帯電話ではなく、身につけるパソコンだ。コンピュータと言えば、企業用の大型コンピュータだった時代に、いずれ、各自が一人一台のコンピュータを「身につける」とジョブズは夢見、そして、現実のものとした。各自が一人一台パーソナル・コンピュータをデスクで使う日が来ると予言したビル・ゲイツのように。

まさに、**見えないものを見て、高度な技術でそれを実現し、世界中の人々に希望を与えた**のだ。

さて、ウェアラブル・デバイスの次の時代の覇権をとるのはどこのベンチャー、アントレプレナーだろうか。

アントレプレナープロファイル #09

# 青い鳥を探して ジャック・ドーシー

**Jack Dorsey**

1976~ アメリカ、ミズーリ州生まれ。Twitter共同創業者、SquareCEO。
ミズーリ工科大学からニューヨーク大学に転入するが、中退。2006年エバン・ウィリアムズらとともにObvious(後のTwitter)を創業するが、一度退社。'09年には画期的なカード決済システムのSquareを創業し、CEOに就任。アメリカ中で決済革命を起こした。後にTwitter社に戻るが、再び退社。その後、'23年Twitterはイーロン・マスクに買収されXとなった。

本書でご紹介する起業家の中で、おそらくもっとも知られていない名前が、ジャック・ドーシーだろう。しかし、かれとその仲間が生み出したサービスの名を知らない人は、少なくとも本書の読者の中にはいないはずだ。そして、ほとんどの人がアカウントを持っている（いた）はずだ。最近は、黒いXになってしまったが、当初は、青い鳥の……。

そう、Twitterだ。Facebookに遅れること2年の２００６年にローンチされた。日本への上陸は、Facebookと同じ、２００８年だ。

## ある日、ビジョンが降ってきた？

下の写真は、ドーシーが、Twitterをつくるときに書いたメモとされるものだ。

ある日、ビジョンが「天から降ってきた」という。すなわち、短いテキストだけの、軽めの記憶容量でデータを送り合う環境をつく

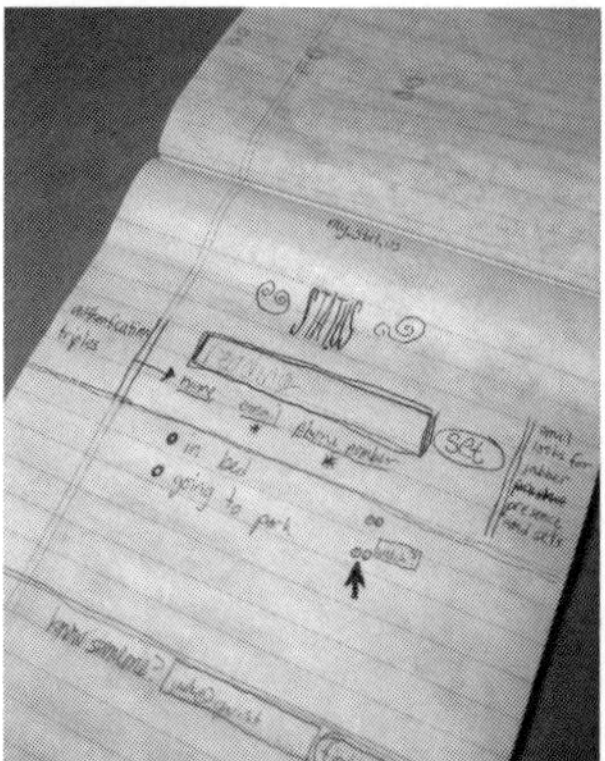

ったら、おもしろいんじゃないかと。

その送り合うテキストデータをtweetと名付けた（後述するように、実際に名付けたのはかれではなかったのだが）。小鳥のさえずり、つぶやきという意味だ。だから、サービス名もTwitter。アイコンも小鳥だ。

みんながふと思ったことをつぶやく。そのつぶやきを聞きたい人は勝手にフォローすればいいいし、聞きたくなくなったら、フォローをやめればいい。こういう、一方的につぶやいて誰かが聞くというSNSの文化を最初に打ち出したのが、Twitterだった。言語障害を持って生まれ、克服後も内向的な性格だったとされるドーシーにぴったりのサービスだったとも言える。

けれども、そのドーシーもまさか、時の国家の最高権力者が、マスメディアではなく、Twitterを使って、広報官も使わずに直接、自分で、政策をツイート（公表）する日が来るとは思わなかっただろう。トランプ前大統領だ。トランプ前大統領は、選挙活動中も、Twitterを用いて、対抗馬であった民主党のヒラリー・クリントンを大いに非難した。トランプはCNNなど既存メディアは、フェイクニュースばかりだなどと攻撃していたが、そういう自分がフェイクニュースを流しているということで、Twitter社からアカウントを削除されてしまった。

このTwitter社は、2022年には、すったもんだの末、イーロン・マスクに途方もない金額で買収され、その名もXに、ロゴマークも青地から黒地の白抜きにされてしまったが、それと同時に、トランプほか、多くのアカウントが復活した。

## Twitterの功罪とXの行方は?

TwitterのFacebookとの最大の違いは、Facebookが実名主義であるのに対し、Twitterは匿名であることだ。お互い匿名のまま、コメントすること(リプライ)も、シェアして拡散すること(リツイート)もできる。

この拡散機能は、個人や企業の広報販促ツールとしても活用されているが、一方、それは個人攻撃、誹謗中傷、フェイク情報の拡散にも用いられ(いわゆる炎上だ)ている。匿名だから、自分は安全な場所にいながら、誰かを特定して攻撃できる。複数のアカウントをつくって、たとえば一人百役で、攻撃もできる。これにより、自殺者まで生む事態となっている。

それらを少しでも防ぐべく、アカウント剥奪など対策がとられてきたが、イーロン・マスクによってXとなってからは、その制限が次々に解禁されている。さらにはTwitterのいわばアイデンティティの一部であった、140字という字数制限までも撤去されている。Xの今後が注目される。

ともあれ、Twitterによって、世界中の有名無名の人々の生の声（テキストレベルだが）を知ることができるようになった。返信もできる。友だちに教える(シェアする)こともできる。ドーシーが、そういう仕組みをつくった。文化をつくった。これを産業と呼んでいいかについては、異論があるが、かれが新しいコミュニケーションの形態をつくったのは事実だろう。

## 小説より奇なる創業の裏話と顛末

さて、ここまでが「表」のストーリーである。実はTwitterの共同創業者は、四人いる。もちろんドーシーはその筆頭の一人だ。この四人の熱いHot Spot（熱狂のるつぼ）チームの創業の物語と、泥沼の主導権争いの抗争の物語が「裏」の実話のストーリーとしてあるのだ。小説より奇なるその裏話は一冊の書籍になっているので、読んでみるとおもしろい。

Facebookのマーク・ザッカーバーグもそうだったが、ネット社会をつくっていったアントレプレナーたちには、なかなか壮絶な起業と創業のぐちゃぐちゃな物語がたくさんあって、それは日本の戦国時代の歴史ものと比べても遜色なく楽しめる。

このジャック・ドーシー、実は、スティーブ・ジョブズと並んで評されることが多い。これは実はドーシーの意図的なメディアへの露出が功を奏した。もちろん実際にいくつか似ているところがあるからでもある。

その一つが、創業者の一人でありながら、創業メンバーとの軋轢から、一時期、経営権のない会長職に追いやられてしまったこと。実質的に追放されたこと。その間に、全く新しいビジネスを着眼し、成功させたこと。ディズニー社の社外取締役を務めた、ことなどだ。

ジョブズを崇拝し、ロールモデルとして真似た結果、そうなったとも言える。ジョブズの好きだった言葉、「魔術的、驚き、すごく楽しい」をドーシーは自分の挑戦を語るときに、頻繁に利用していた。

そのドーシーがTwitterと並んで、生み出したのは、Square（現Block）という、iPhoneのイヤホンジャックにカードリーダーを差し込む決済システムだ。会社を追われて時間を持て余していたときに、かつての上司から、クレジットカードで支払いたいというお客に対し、そのカード会社と契約していなかったので対応できず売り損ねた、というエピソードを聞いたことから思いついたという。Appleとジョブズとのつながりを欲していたところもある。

いまは、PayPayとかなんとかPayというのがたくさんあるから、あまり使われていないが、当時は画期的なサービスで（サービスの仕組みの詳細は割愛するので、詳しく知りたい人は、ググるか、ChatGPTに聞いてほしい）、アメリカでは、ジャック・ドーシーと言えば、TwitterとSquareの両方をつくった人として、また、Twitterの経営陣に復活してからは、両社のCEOを同時に務めていたことで知られている。

## 「人格者」となる日は近い？

実は、Twitterのネーミングを発案したのは四人の創業者の一人で最初に追放されたノア・グラスだ。シャイだがエネルギーに満ちたITオタク。人生のすべてをTwitterに捧げ、追放され、肩書きも奪われ、社史からも消された。「いま友だちが何をやっているかがわかれば、身近に感じられ、もっと正直に言うと、孤独感を癒せる」。ノア・グラスがTwitterプロジェクトをはじめるときに書いたブログの言葉だ。

その後、ドーシー自身もまたTwitterを辞めてしまう。イーロン・マスクがTwitterを買収したのは、そのあとだが、ドーシーはイーロン・マスクの買収に好意的な発言をしていたため、いざ買収が行われ、イーロン・マスクがTwitter社員を大量解雇した際には、社員たちは、現経営陣ではなくドーシーを非難し、ドーシーは謝罪の公表を余儀なくされている。

ということで、ドーシーも、ジョブズに負けず劣らずのかなりいってる変人だった。

Twitterをつくった四人が一緒だったのはオデオというベンチャーで、ドーシーは憧れて自分を売り込んで仕事を得た。当時は、無名のハッカーメンタリティのITオタク。オンラインのハッカーの掲示板を読む仕事が適役だった。鼻にピアスをして、際どい文言の刺青を身体中にまとっていた。マッサージセラピストをしたこともある、学位はないがプログラミングが大好きな変わり者だった。

そういう人は日本が好きらしい。日本は、シリコンバレーの有名な起業家たちが、憧れ感銘を受ける文化を持っているというのは誇りに思ってもいいかもしれない。ドーシーもジョブズを真似たからかもしれないが、日本文化、特に中国から伝来して日本化された禅に、傾倒していたことでも知られる。Twitterの社員全員に、禅の勉強をするテキストを配っていたほどだ。

余談だが、ドーシーは、泥沼をはい出てきた辛苦の経験があり、もともと、イケメンCEOとしても知られ、歳もまだ四十代で、いまは亡きジョブズ志向だから、これからいよいよ人格者の風合いを身につけ、もっと面白いことをやってくれるかもしれないとわたしは期待している。40歳になろうとしているマーク・ザッカーバーグとともにこれからの動向に注目したい。

# それは破壊者か？ 創造者か？
# ジェフ・ベゾス

**Jeff Bezos**

1964~ アメリカ、ニューメキシコ州生まれ。

Amazon.com会長・CEO。

プリンストン大学卒。投資銀行のD.E.ショー等を経て、インターネットによる書籍通信販売を行うAmazon.comを設立、後に世界最大のオンライン小売り店とする。2011年独自のタブレット端末「キンドル・ファイア」を発表。'13年、ワシントン・ポスト社から米紙「ワシントン・ポスト」を含む新聞事業を買収したことでも知られる。

## なぜ、物販だったのか？　なぜ、本だったのか？

Amazon.comのジェフ・ベゾスの写真を一度は見たことがあるだろう。見たことのある人もない人も、ちょっとググってみてほしい。どれも破顔でニコニコしている。動画を見てもそうだ。よく笑っている。その笑い方が人と全く違う。心の底から笑っている。そのけたたましい笑い声は人の五倍はあるものだから、かれが笑うと、みんなが振り返るほどだという。まるで子どものまま大きくなったかのように、好奇心に満ちた子どもの心と、計算が大好きで冷静な左脳系の大人が、同居している人だ。

さて、そのベゾスが、Amazonを創業するのは、インターネット黎明期の1993年。実の父親とは会ったことがなく、決して恵まれた家庭に生まれたわけではなかったが、小学校のころから勉強ができて、プリンストン大学を優秀な成績で卒業。多くの大企業のオファーを受けながらも、金融決済のベンチャーに就職後、銀行業界、さらにベンチャーのヘッジファンドのD・E・ショーに移り、当時話題になりつつあったインターネットの調査を任される。

このD・E・ショーで働いたこと、その創業者であるデイビッド・ショーとの出会いこそが、起業のトリガーになったと思う。ショーとベゾスの新規事業のアイデアがインターネットの「エブリシング・ストア」だった。インターネットによる物販の可能性に気づき、いまで言うオンラインショップ、ECサイトを始めようと思い立ったのだ。

では、そのかれが、なぜ、最初の商品に本を選んだのか？　本好きで、本を売りたかったからではない。ジェフ・ベゾスについての本によると、かれが、インターネットの本質を見極めたうえで、極めて分析的に（左脳的に）、戦略的に、本という商品を選んだことがわかる。理由のいくつかを挙げてみよう。

1　よく知られた製品なので、本そのものについて、説明しなくても信頼が得られるし、偽物などが出回る心配もほとんどない。
2　市場が大きい。
3　仕入れが容易。出版社の数は多いが、数社の取次から仕入れられる。

4　商品数は、何百万、何千万もあるが、リアル書店ではその一部しか置けない。無限にデータベース化でき、検索・整理可能なオンラインでの販売は、既存のリアル書店に対して、競争優位性がある。

5　データベースの作成が容易。世界で市販されている書籍には、すべてＩＳＢＮ番号がついているため、データベース作成のほとんどすべてが出来上がっているというに等しいくらい容易。

たしかに、言われてみればそうなのだが、当時は、多くの人が半信半疑。成功するとは思っていなかったようだ。

実際、そのころ、インターネットを使っていろいろなことをやろうとしていた人はたくさんいた。実は、わたしもそうだった。1997年に2回目の独立をしたときは、インターネットを使って、オフショア（海外を拠点とする）のネット銀行業務を始めようとしていた。ただ、1997年というのは、バブルが崩壊し、北海道拓殖銀行や三洋証券、山一証券が潰れた年だ。資金調達ができず、やむなく（恐れを知らず）ベンチャーを手弁当で手伝うベンチャーキャピタル業を思いつき起業した。

でも、たとえ、資金調達ができたとしても、本屋をやるとは到底思いつかなかった。理由を後から聞けば、そうか！　と思うが、凡人には思いつけそうでなかなか思いつけない。ベゾスの天才的着眼だった。

かくして、ショーのもとでの新規事業は断り、とにかく西へ！　テキサスからグランドキャニオン、そしてシアトルへ。スタートアップとして当時の流行りのガレージで起業する。そして4年目には、早くも上場。以後、それまであった書店業界の仕組みを創造的に破壊していくことになる。かれによって世界中の書店の8割が潰れたと言われる。特にアメリカでは大手の書店はほとんどAmazonのせいで潰れてしまった。

その後、Amazonは日用品、家電と、扱う商品をどんどんと広げていく。そのたびに、それまでそれらの商品を売っていた小売り店が潰れてしまう。このため、ベゾスの取り組みの影響は、産業や業態を破壊するという意味で、Amazon Effectと呼ばれている。Amazonが次にどこの産業や業界に参入するのか、と関係者は恐れおののいているというわけだ。

## 各界に、顧客中心主義をもたらした⁉

とはいえ、ベゾス自身は、破壊しようと思ってやっているわけではない。顧客中心主義というのがかれの信条で、それにしたがっていくと、自然に、既存の業界のあり方や仕組みに逆らうことになってしまっただけのことだ。企業のやるべきことの中心にはお客がいる、お客がいいと言うんだったら、やったらいいじゃないか、という発想だ。

本の次には、ちょっとしたものなんだけれど、どこに売っているのかわからない、すぐには手に入らない類いの日用品を扱うようになった。みんな、困っているんだから、オンラインショップで検索して買えたら、喜ぶんじゃないの？　というわけだ。これがドットコム（ネット関連ビジネスのベンチャーの総称）のマーケティングに革命をもたらすロングテール戦略となる。興味があったらググってみてほしい。

そうやって、どんどん商材を広げていった。いま、Amazonが力を入れているのは、プライベートブランドだ。結果、アメリカ人の生活のほとんどは、乾電池はAmazon、ティッシュペーパーはAmazon、トイレットペーパーはAmazon、石鹸もAmazonといった具合。生活に関わるコモディティも全部やっちゃう、という欲張りな巨大EC企業に変貌した。

つまり、Amazonを使ってなかなか買えないものを見つける、というところから、Amazonを使って毎日使うものを買う、それも、どこよりも安い値段でそれなりに品質のよいものを、家にいながらにして買う、にシフトしてきている。

さらには、Amazonミュージックの音楽、Amazonプライムが提供する映画、いまや、すべてがAmazonだ。プライム会員になれば送料は無料だし、映画は見放題だし、音楽もほぼ聴き放題。実に快適。

あらゆる産業を創造的に破壊して、つくり変えて、こういう世界観をつくり上げた。それが、ジェフ・ベゾスだ。既存産業の人たちや、Amazonに納入する業者にとっては、必ずしもよいパートナーとは言えないし、株の配当の少なさや巧みな税金逃れの手法など批判もあり、2023年10月にはとうとう、アメリカの連邦取引委員会から提訴されたが、顧客にとっては非常に心地よく、いまや日常生活になくてはならない存在だ。

経済界への影響、インパクトも絶大だ。Amazon Effectへの対抗のため、各産業界で、Amazonから大いに学び、後述する送料無料、翌日配送など、顧客中心主義を据えた構造改革が行われるようになった。

顧客中心主義の最先頭を走って真似されているベゾスだが、かれ自身が、とにかく勉強家で、すぐに真似をするのが得意なアントレプレナーでもある。

2001年にAmazonの成長が鈍化し、ウォルマート・ドット・コムが書籍販売に参入したころ、ベゾスはCostco（コストコ）の創業者の一人であるジム・シネガルとスターバックス（そのスタバはAmazon創業初の会議を開いた店舗）で会い、じっくりと話を傾聴している。コストコは顧客ロイヤリティを軸に運営されていた急成長のベンチャー、小売り業者だったから、ビジネスモデルは違うとはいえ、経験から得られた智恵や示唆は重い。

熟考の上、ベゾスは大胆な意思決定をする。書籍、音楽、DVDの価格を20％から

30％引き下げたのだ。シネガルに会う前に、役員会で値上げの承認をしていたにもかかわらず、である。

## 競合の物流も変えた

Amazonが変えたもののうち、物流の世界の変革も非常に大きい。Amazonプライム会員になると、買った商品は、原則、翌日配送だ。当日配送のものもある。これに対抗するために、他の物販サイトも、翌日配送してくれるところが大半となった。Amazonが翌日配送を始める前までは、手元に届くのに、3、4日はかかっていたのに。

これもAmazon Effectのおかげだ。物流業界の現場や従業員の方々にとっては迷惑な話なので（特にドライバー不足が深刻な日本では）、もろ手を挙げて賛成はできないものの、このEffectによって物流の生産性の向上のための現場改革に寄与する他の産業にも、成長の機会をもたらしているのも事実だ。

そしてAmazonは、翌日配送のために張り巡らした配送網と物流センターや決済の仕組みそれ自体を、ビジネスモデルとして売っている。はじめてのサイトで商品を買うとき、支払い方法の記入欄に、「Amazonのアカウントを使う」という選択肢が出てきたことはないだろうか？　Amazonのよく練られた検証済みのビジネスモデルを、Amazon以外のサイトにも開放しているということだ。

米国Amazonではその物流に、無人ドローンを利用しようとしている。安く早くお買い上げ商品を届けるために、ドローンで商品を運ぶという革命を実体化させようとしているわけだ。ウォルマートもGoogleもドローン物流に参入し、いよいよ物流業界も創造的破壊の次のステージに向かっている。

## 次なる顧客サービスは、クラウドと宇宙旅行！

このように、いまや小売りのほとんどを独占し、物流業界もリードしているAmazonだから、さぞや儲かっているんだろう、と思うかもしれないが、実は物販はあまり儲かっていない。収益の多くを占めているのは、AWSというクラウドを提供する部門だ。旧態依然とした業界のビジネスモデルを突いて、劇的に安く提供することで一気に市場を拡大してきた。日本でもＮＴＴなどに自社のサーバーを預けていた企業が、ＡＷＳに移行しつつある。売上はうなぎ登りで、Amazonの総売上の２割に近づこうとしている。営業利益率は物販よりはるかに上で優に２割を超えている。

さらに、ベゾスがいま、取り組んでいるのが子どものころからの夢の宇宙ビジネスだ。早くも２０００年に、「ブルー・オリジン」と名付けた、航空宇宙企業を設立している。そもそも起業のときに東海岸で最後に観たのが『新スタートレック』の最終回だった。そして、フロンティアの西に向かったのだ。

高校卒業時に総代となったベゾスが書いた挨拶は、当時大人気だったＴＶシリーズ『スタートレック』の有名なオープニング、「宇宙。そこは最後のフロンティア（これは宇宙戦艦エンタープライズ号が、新世代のクルーのもとに24世紀において任務を続行し、未知の世界を探索して、新しい生命と文明を求め、人類未踏の宇宙に勇敢に航海した物語である）」から始まり、地球の周回軌道上に移住用のコロニーをつくり、地球は全体を自然公園にして人類を救う、というベゾスの夢を語るものだった。私事で恐縮だが、わたしも小学校高学年から見始めた『スタートレック』シリーズの大ファンである。全シリーズ全話2回以上観ている。

イーロン・マスクが描くスペースXのビジョンは、火星に移住するためのロケットだが、ジェフ・ベゾスのほうは、みんなで気軽に宇宙旅行に行くためのロケット。きっとこちらのほうが早く実現するだろう。

ブルー・オリジンのスローガンはラテン語の「Gradatim Ferociter」、「一歩ずつ、果敢に」だ。Amazonの創業の原則でもある。

アントレプレナー
プロファイル #11

# 壮大なビジョンか、単なる誇大妄想か？
# イーロン・マスク

**Elon Musk**

1971~ 南アフリカ生まれ。テスラ・モーターズ会長・CEO、スペースX創業者・CEO等。ペンシルベニア大学で物理学と経営学を学び、"インターネット""持続可能なエネルギー""宇宙"が人類の将来に最も重要なテーマと確信。2004年、後のPayPalの設立に関わるなどして得た売却益をもとに、電気自動車ベンチャー、テスラ・モーターズに出資して会長に就任。'08年CEO兼任。'10年株式上場。一方、太陽光発電システムを開発・供給のソーラーシティ('06年)、ロケットの開発・打ち上げのスペースX('02年)を創設。'14年スペースシャトル後継機の開発をNASAから受注する。

## まさに、アメリカンドリーム。極貧生活から創業者利益を得るまで

ジェフ・ベゾスの宇宙ビジネスの話が出てきたとなれば、当然、イーロン・マスクにも触れないわけにはいかないだろう。ベゾスと世界一の富豪の座を競うマスクも、決して富豪の家に生まれたわけではない。それどころか、南アフリカ共和国に生まれ、8歳のときに両親が離婚したことから各地を転々とする日々だった。身を寄せた父親が厳しく、学校では肉体的にもひどいいじめにあっていたことが長じて、反骨精神のあるアントレプレナーシップの原動力になったのではないかと思ったりもする。

18歳のときに、母親の出身地カナダに単身移住し、製材所で過酷な肉体労働をしながら、大学進学。2年後に奨学金を得て、ペンシルベニア大学ウォートン校に進学することで、ようやく憧れのアメリカに移住。スタンフォード大学の大学院にも進むものの、こちらは2日で退学し、起業を目指す。

極貧生活のなか、最初に始めたオンライン・コンテンツの会社Zip2が、ITブームの波に乗り、コンパックに3億7千万ドルで買収され、マスク自身も2200万ドルを手にしたことから、かれの本格的な起業家人生が始まる。

そのお金を元手につくったオンライン金融サービスの会社X.comが、似たようなビジネスを始めていた、ピーター・ティールのConfinityと合併、PayPalと社名を変えたのち、eBAYに買収され、PayPalの筆頭株主だったマスクは、1億7580万ドルを手にすることになる。

そして、その当時の日本円にして約230億円を元手に、ビジョナリー・アントレプレナーとして、地球と人類を救うとかれが考えるあらゆる事業、電気自動車(EV)のテスラへの出資や、宇宙ビジネスSpaceXの起業に着手することになるわけだ。

## 現代のノアの箱舟? SpaceXの火星移住プロジェクト

イーロン・マスクと言えば、EVのテスラ社が一番有名で、テスラによって、かれはその名を世界に知られるようになったと言えるし、実際、かれのEVへの取り組みによって、日本をはじめとする、これまでのガソリン車を中心にした自動車産業全体が構造変革をやむなくされているわけだが、実は、かれがいちばん情熱を注いでいるのは、宇宙ビジネスのほうだ。

かれのビジョンでは、近い将来、人類は地球に住めなくなる、地球から移住しなければいけなくなる、との前提がある。移住する先は火星になる。人々を運ぶためのロケットをまずつくることが必要だ。そこまでならば誰でも妄想することだが、かれには独特の着眼コンセプトやロジックがある。

かれが言うには、100年かけて火星に100万人の人類を送り込むためには、往復できる再利用可能ロケットにしないとコストを下げられない、それができればドラスティックにコストを下げられる。したがってNASAに比べて最終的には100分の1ぐらいまでコストを下げないとみんなが利用できるロケットにはならないんだと。まるで1世紀前にヘンリー・フォードが実現した大衆車のようなイメージだ。

かれのSpaceXでつくりはじめたロケット、ファルコン1は、ロッキードなどNASAに納入している既存のメーカーのまずは10分の1ぐらいのコストでつくるとの触れ込みで登場した。

疑いの目のなか、それなら飛ばして見せようと打ち上げ実験をするのだが、これが失敗。3回も失敗。もうあとがない、次に失敗したら自己破産、という状況のなかで、ついに成功。晴れてNASAから注文を受け、いまでは、民間の商用ロケット会社として、アメリカでは一番手になっている。それを追いかける形で、ジェフ・ベゾスのブルー・オリジンがある。

ロケット事業の順調な成長を受けて、2021年には火星移住をより現実的なものとする、完全再利用可能な超大型の宇宙船スターシップの開発に乗り出した。2023年4月のスターシップとスーパーヘビー（ブースター部分）を結合しての初めての軌道飛行実験では打ち上げ後に分離の失敗で爆発したが、それでもSpaceXとマスクに対する評価が落ちることはなく、むしろ、「次の実験に向けて多くを学んだ」と成果を強調するかれを賞賛する声が高い。

これは、マスクに、人類が火星に居住できるようにするためというビジョンがあることをみんな知っているからだ。人類の未来を救うために進んでいるかれを応援している人は多い。

## メガロマニアの極み。次に何をやらかしてくれるか?

イーロン・マスクが、パラノイアというより、圧倒的なメガロマニア、つまり誇大妄想癖の極みにいる人だということはすでにおわかりだと思うが、かれが妄想しているのは、人類の火星集団移住だけではない。他にもいろいろで、たとえば、ソーラーシティという会社を買収し、太陽光発電の街をつくるというビジネスも実際に始めたし、「ハイパーループ構想」という超高速列車のビジネスも始めようとした。まだまだある。BMI(ブレーン・マシン・インターフェース)という脳に埋め込む装置や、ロボット「オプティマス」の開発、垂直離着陸超音速ジェット機の構想など、メガロマニアのてんこ盛りと化している。

ハイパーループ構想とは、地下にトンネルをくり抜いて土管にし、その中を真空に近い状態にまでもっていき超高速列車を走らせるというものだ。アメリカなら東海岸から西海岸まで、飛行機よりも速い30分で着く。もしそれが実現したら、アメリカの国内便の航空会社はかなりの痛手になる。が、幸か不幸か、プロジェクトはあちこちに、掘りかけの穴を残したまま頓挫した。これは別の構想に引き継がれ、もっと現実的な地下トンネル高速輸送プロジェクトとなっている。

そしていまや、お騒がせの極致となった目下の注目は、Twitterの買収劇だ。青い鳥をXに変えてしまった。X.comからアントレプレナーの人生を始めたイーロン・マスクは、原点回帰のXへのこだわりがどうやらかなり強いらしい。会社の名前もX Corp.とした。

そしてそこからスピンアウトさせて取り組む生成系AIの新会社、xAI。安全で汎用性のある人工知能で宇宙の真実を理解したい、宇宙人の存在のエビデンスを示したい、とも。

足元で2023年9月にイーロン・マスクの本格的な評伝『イーロン・マスク』が文藝春秋から発売された。ゆっくり拝読したいと思っているところだ。

ちなみに、アベンジャーズという映画のシリーズを見たことがあるだろうか？　その中に出てくる重要な主人公の一人にアイアンマンがいるが、あのモデルは、このイーロン・マスクだ。さらに、『アイアンマン2』の映画にはマスク自身がエキストラでちょいと出演している。他にも『トランセンデンス』とか。あるときは会場の中にいる一人として、あるときはパーティの中に。かつてのヒッチコックのようだ。要は目立ちたがり屋だということだが、あ、またこんなところ出てると、かれを見つけるというのも結構楽しい。

# メタバースは、Facebookを超えられるか？
# マーク・ザッカーバーグ

**Mark Elliot Zuckerberg**

1984~ アメリカ、ニューヨーク州生まれ。

Facebook共同創業者・CEO。

2004年ハーバード大学内の友人間ネットワークツールとしてFacebookを立ち上げる。'06年には一般にも開放、'10年には世界100カ国以上でSNSのトップシェアを誇り、5億人のユーザーを抱える世界最大のSNSとなった。

## ビル・ゲイツと同様、ハーバード中退の悪ガキ天才プログラマー

現在進行中の大成功したアントレプレナーとして、いまやこの人を挙げないわけにはいかないだろう。マーク・ザッカーバーグ。Facebook（現Meta Platforms, Inc.）の共同創業者だ。1984年生まれだから、本書で紹介している中で、いちばん若い。そして常に前向きでガンガン攻め続けている。

Facebookについてはいまさら何も言うことはないが、ザッカーバーグの持つビジョンは、結局、いかにして個人に力を与えるかというところに行き着いている。大企業や政府などの大きな組織がかつてない規模の能力や情報資源を得たことによって、個人が圧倒されないように力を貸すこと、を目指している。

そのFacebookが地球上のどの国家よりも大きな30億人のコミュニティをつくってしまったのだ。これは壮大な人類の実験である。Facebookはグローバル・ブレイン（世界脳）になりつつあり、人類のアイデアと感覚の集合体をつくってしまったのだ。

ところでいま、共同創業者と書いたが、創業時、最初の資金を出したのは、共同創

業者のハーバードの同級生だった。それ以外にも数人の友人とともに創業したのだが、結局、ザッカーバーグだけが目立っている。このあたり、興味のある人は、『ソーシャル・ネットワーク』という実話に沿った映画になっているから、観てみるといいだろう。

ザッカーバーグは、知識階級の家庭に育ってハーバードに進学するが、高校時代からプログラミングが得意で、いまで言うスマホのアプリのようなものをつくっては試し、ということをやっていた。

で、ハーバードの学生のときに問題を起こす。ハーバード大学のコンピュータを勝手に使って侵入して、いまで言うマッチングサイトをつくり、とっても私的な使い方をしていた。学内の人間をつなげたり、かわいい子を見つけたり。有名な話では、たとえば、「ベンチャー企業論」の授業をとっている友だちは何人いるだろうとか、そういったものを見つけ出すサイトなどもつくっていた。

これが大学側にバレた。個人情報保護法に触れるんじゃないかということで、大学の理事会に呼ばれて、処罰を受ける。このあたり、ビル・ゲイツと同じだ。いわゆる軽犯罪法に引っかかりそうなことをやっている。もし、大学側に告訴されて、警察に突き出されたら、場合によっては、いわゆる前科者になってしまっていたかもしれない。

幸い、告訴は免れたが、一年間休学の処罰を受ける。で、その一年後、ザッカーバーグは大学を中退してしまう。ビル・ゲイツ、スティーブ・ジョブズと同様、大学を出ていないわけだ。

先にご紹介したように、若いころは決して人格者とは言いがたかったビル・ゲイツも、日本で言う還暦をとうに超えたいまは、世界最大の慈善活動家として知られている。ザッカーバーグは、まだ40歳近くと若く、バリバリの現役であるうえに、何かと政財界からの風当たりが強く、アメリカの公聴会に召喚されたり、EUから勧告を受けたりと、批判をかわすのに追われているかっこうで、ビル・ゲイツのような域には達していない。それでも、2015年には、自らが保有するFacebookの株式（当時5兆円）の99％を将来にわたって段階的に慈善事業に寄付すると発表して、世界中を驚かせた。ただ、こちらも、節税対策ではないか、という疑惑が絶えないところではあるが。

善を全うし、知を希求し、徳を備えた、善・知・徳の大成した起業家として尊敬を集めていくのは、これからだろう。まだまだ晩成する余地をいっぱい残した、楽しみなアントレプレナーであることは間違いない。

## 社名をMetaに変更、新規事業はFacebookを超えられるか？

というわけで、Facebookの創業者として注目されているザッカーバーグだが、実は、社名をMetaに変更するほどに力を入れたメタバースをはじめ、さまざまな新規事業の試みを繰り返している。きみもよく知っているInstagramだって、WhatsAppだって、オキュラスクエストだって、ザッカーバーグの傘下となった。その中でも特に、VR事業を展開するオキュラスがお気に入りで、お気に入りが昂じて、メタバース事業の開始となったわけだ。だから、そのVRヘッドセットは、Meta Questと名称変更されている。

ちなみに、メタバースとは、サイバー・ワールドに構築された3Dの仮想空間のことで、その中で、ユーザーは、自分の分身であるアバターを使って、買い物をしたり、旅行をしたり、他のユーザーとおしゃべりしたり、会議をしたりと、現実世界と同じように「生活」を楽しむことができる。

が、そのメタバース事業、投資の段階が長く続いていて、赤字を垂れ流し、Meta社の株価下落を招いている。

そこで、というわけでもないだろうが、ChatGPTと同様の、生成系ＡＩの開発も急ピッチで行われていると聞く。また、イーロン・マスクのTwitter買収による混乱の隙をついてThreadsというTwitter対抗アプリをリリース、あっという間に、利用者が世界で一億人を超えたと話題になったが、その後は苦戦している。どうも、ザッカーバーグとイーロン・マスクは仲が相当悪いようだ。

ここで、ぜひ、記しておきたいチャレンジがある。

残念ながら、世界各国の政府や中央銀行の圧力ですでに撤退したのだが、２０１９年に、世界共通の仮想通貨として打ち出したリブラ（libra）だ。ビットコインやイーサリアムなど、いろいろな仮想通貨は、ブロックチェーンという技術を使って後ろ盾なしに、市場の信用を得ようとするものだが、リブラは、既存の銀行口座と紐付かせることによって、通貨としての「信用」を担保するものだ。その代わり、銀行を使うよりずっと楽に、安い手数料で、世界中に送金、あるいは、世界中から送金を受けることができる。

当然、送金手数料もばかにならない収入源となっている既存の銀行業界が黙っているはずもなく、結局のところ、ザッカーバーグは、リブラの構想をひっこめるしかなく、その代わり、Facebook Payを始めた。それなら、すでに日本にもあるPayPayやLINE Payなどと同じだから、放っておいてくれ、というわけだ。

ちなみに、これを受けて、Googleもあわてて、Google Payを発表した。これは、後ろにシティバンクなど既存の金融機関がついている。このあたりのいわゆるFinTechのカオスマップは面白い。各国中央銀行の信用通貨のデジタルカレンシー(デジタル通貨)の議論も本格化しつつある。

先行しているさまざまなベンチャーが取り組む決済にからむデジタル化やブロック

チェーンを利用した仮想通貨、暗号資産、NFTなどについては、日進月歩で進化しながら変化変幻するので、興味が出てきたら、そのいろいろな動きを探索してみるといいだろう。世界を動かしたいと思うアントレプレナーたちがうごめいているWeb3経済圏だから、見ているだけでもおもしろい。

# 第6講

# アントレプレナーは、たいてい共同創業者

# 成功したアントレプレナーの誰一人として、一人で成し遂げたわけではなかった

ここまで、ご紹介してきたアントレプレナーたちの多くが、「共同創業者」であることに気づいただろうか？

スティーブ・ジョブズしかり、マーク・ザッカーバーグしかり、ビル・ゲイツしかり……。Appleは、スティーブ・ウォズニアックなくして、Microsoftは、ポール・アレンなくして、この世に、わたしたちの歴史に、生まれなかった。**どんな偉大なアントレプレナーも、一人ですべてを成し遂げたわけではない**。必ずと言っていいほど、よき相棒がいたし、優れたチームメンバーとともに成長してきた。

たとえば、Airbnbというベンチャーを知っているだろうか？　エアビーと愛称で

呼ばれている、世界最大の民泊サイトだ。民泊として利用されるのは、たいていは、ホスト（宿泊の提供者）がもともと使っていた部屋とか、使っていない空き家など、普通の個人宅だ。それを利用したい宿泊客が、地域と月日と価格帯などで空きを検索して、スマホで予約、決済する。誰でも思いつきそうな、単純なC to C（個人と個人をつなぐ）のプラットフォームモデルだ。

考えてみれば昔から、俺の部屋空いているから、泊まっていいよとか、わたしの家空いているから、泊まっていいよと、友だち同士で貸し借りすることは珍しくなかった。それを仕組み化しただけの単純なものだ。ただ、誰も気がつかなかった。

２０２３年現在、１９２カ国に広がり、ゲストと呼ばれる利用者は、世界で累計5億人を超えると言われる。

創業者は、ブライアン・チェスキーとジョー・ゲビアという美術学校の学生。もともと日本円で1万円にもならない部屋を二人でシェアリングしていた二人は、自分たちみたいな貧乏学生が旅をするとしたら、何が必要か、やっぱりベッドだな、キャンプなんかに持って行く、空気で膨らませるエアベッドでいいから。でも、できれば、朝になんか食べたいね、ホテルみたいな豪華な朝食じゃなくていいけど、何か、お腹を満たせるブレックファーストを。

エアベッドとブレックファースト。エアベッドアンドブレックファースト。何回も繰り返しているうちに短縮して、Airbnbになった、というわけ。つまり、Airbnbというのは、もともとエアベッドとブレックファーストがあればいいという二人の発想で、泊まるところを友だちに紹介する仕組みをつくった、というのがスタートだった。

これに、わたしのようなエンジェル投資家が目をつけて、投資すると言ってくれたはいいが、ブライアン・チェスキーとジョー・ゲビアの二人には、ざくっとしたビジネスモデルのアイデアしかない。そこに、ネイサン・ブレチャージクという、ハーバード大学出の天才エンジニアが仲間に加わることで、いよいよ創業が現実的なものになった。

チェスキーとゲビアが、ギャーギャー議論するのを聞いて、ネイサン・ブレチャージクがアルゴリズムをプログラミングして、ホストと利用者である宿泊客の使い勝手のよいマッチングの仕組みをつくり込んでいく。2008年のことだった。その後、わずか10年で、世界のホテル業界に恐怖を与える巨大ネットワークとなる。そして、

2020年12月、コロナのパンデミックの最中、上場を果たし、いまや時価総額は13兆円を超えるから驚きだ。

一つの新たな産業のモデルをつくるというのは、こういうことだ。

しかし、この講で、かれらが創りあげたベンチャーをお金の価値に計算することより注目してほしいのは、**一人ではなく三人でできた**ということ。三人の絶妙でホットな組み合わせがあったからこそできた、ということだ。実は、これまでにご紹介したベンチャー企業のほとんどすべてがそうなのだが、これから、それをより端的に示すケースをご紹介しよう。

ここまで、GAFAMの創業者の話をしてきたが、あれ？ Googleは？ と思っていたんじゃないだろうか。でも、Googleの創業者の名前は？ というと、スティーブ・ジョブズやビル・ゲイツのように、すぐには出てこない人のほうが多いようでもある。

というわけで、Googleの創業のストーリーをごく簡単に見てみよう。

# ラリー・ペイジ　セルゲイ・ブリン
# エリック・シュミット
## トロイカ体制が生んだ世界最大の検索エンジン

**Lawrence Edward Page 左上**

1973~ アメリカ、ミシガン州生まれ。スタンフォード大学にて、同じく計算機科学の博士課程に在籍していたセルゲイ・ブリンと出会い、後にGoogleの元となる検索エンジンに関する論文を共著。1998年にGoogle社を共同設立。

**Sergey Brin 右上**

1973~ ソビエト連邦、モスクワ生まれ。1979年、家族でアメリカへ移住。メリーランド大学卒業後、米国科学財団から特待生として認められ、スタンフォード大学計算機科学の修士課程へ。'98年にGoogle社を共同設立。

**Eric Emerson Schmidt 下**

1955~ アメリカ、ワシントンD.C.生まれ。カリフォルニア大学で電気工学の修士号と計算機科学の博士号を取得。ベル研究所、サン・マイクロシステムズ、ノベル等を経て、2001年にGoogleの最高経営責任者に着任し、ラリー・ペイジ、セルゲイ・ブリンとトロイカとして経営。

Googleは、ラリー・ペイジとセルゲイ・ブリンの二人でスタートしている。最初から、どちらがトップというわけではなかった。そこが、他のGAFAMとは少々異なる。のちに経営トップとして頭角をあらわすのはラリー・ペイジとなるが。

この二人は、親友だったと紹介されているが、あまり仲がよくなかったという説もある。いずれにせよ、互いの才能を認め合い、尊敬し合っていたのは事実だろう。二人ともスタンフォードの優秀なエンジニアで、ラリー・ペイジは特に検索エンジンに興味を持っていて、セルゲイ・ブリンは、夢想家と言われているだけに、いろいろ夢を語る人だった。当時スタンフォードの博士課程に在籍していた二人が、Yahoo! を超えたいよね、Yahoo! より上の検索エンジンをつくろう、と意気投合し、一生懸命開発してできあがったのが、Googleの検索エンジンというわけだ。

ただ、この二人は、やはり若すぎた。経験がなかったために経営のほうはよくわかっていなかったようで、Googleがぐーっと伸び出すときには、これではいけない、と新たに頼れる仲間を入れることになる。それが、2001年に最高経営責任者に就任するエリック・シュミットだ。当時のノベル社のCEOを務めていた技術と経営がわかる当時46歳のかれが、マネジメントの中核に入り、三人のトロイカ体制になった。ラリー・ペイジとセルゲイ・ブリンはともに28歳。攻めと守り、若さと成熟のバランスが絶妙となり、本当に、がーっと伸びていく。

ラリー・ペイジとセルゲイ・ブリンがつくった秀逸な検索エンジンだけでも、世界最大の検索エンジンとなっていたのだけれど、エリック・シュミットという成長投資と業務管理と株式市場との対話をマネジメントできる経験者が入ってくることによって、一気にGoogleらしさを失わずに会社らしくなっていく。そのマネジメント体制を土台として、いまや、時価総額230兆円。想像を絶する巨大な企業になっている。

Googleはいま、本当にいろいろなところに、手を出し始めているが、もともとは、世界中の情報を整理し体系化し、世界中の人々がアクセスできて使えるようにすることがGoogleのミッションステートメント（経営理念）だった。三人は、それだけに焦点を絞ってやってきた。

ラリー・ペイジは検索エンジンオタクで理想主義で天才だが、セルゲイ・ブリンは随分前から検索エンジンの開発には飽きていて、グーグルカーというハンドルもペダルもないＥＶ車の開発に取り組んだりしていた。世界中の超優秀なエンジニアやノーベル賞級の技術者が自ら門をたたいて集まってくるGoogleで、二人の天才エンジニアは、少しずつみんなに任せてもいいんじゃないか、と思い始めたのかもしれない。

本人たちの本音はあまり語らない人たちなのでわからないが、いずれにせよ、ビル・ゲイツやスティーブ・ジョブズのような少し前の唯我独尊系の創業者とは、ちがったスタイルの二人だ。互いにやりたいことにも少しずつズレが生まれていったように思う。

２０１５年、持ち株会社として、Alphabet Inc.を設立し、巨大企業となった会社の組織、体制を再編成。トロイカ体制の三人のうち最後までセルゲイ・ブリンとラリー・ペイジは残り、セルゲイ・ブリンがＣＯＯ、ラリー・ペイジが再度ＣＥＯを務めたあと、二人一緒に２０１９年に退任した。いまは、スンダー・ピチャイがＣＥＯとして辣腕をふるっている。

## プロフェッショナル・フォロワーという役割

成功している起業家は一人で何かを成し遂げたかのように誤解されがちだが、誰も一人では何も成し遂げていない。そこには**必ず、非常に強力な、全面的に頼れる、プロフェッショナル・フォロワーが存在する。フォロワーシップとは、リーダーを主体的に支えるリーダーシップの一つのスタイルでもある。**

**アントレプレナーの横に優れたフォロワーがいることで、創業チームが力を合わせて、何事かを成し遂げていく、**これが真実の姿だ。

一人でできることには必ず限界がある。だから、いけてる仲間を見つけ出して、仲間とともに一緒に三つの汗を流して、目標に向かって力を出し切って全集中で頑張ることが重要なのは、ラグビーやサッカーと変わらない。

そして、もし、きみがここまでに取り上げたような変人ではなく、メガロマニアでも、パラノイアでもなかったら、**フォロワーとして、アントレプレナーと夢を共有して頑張る、という選択**もある。それもまた重要で魅力的な役割だ。

プロフェッショナル・フォロワーだからといって常にナンバー2とは限らない。エリック・シュミットのようにトップを任されることもある。

次のページから、これまで出てきた会社で、取り上げてこなかったほうの共同創業者、刮目すべきプロフェッショナル・フォロワーをご紹介しよう。

# ポール・アレンなくして、ビル・ゲイツも、Microsoftも生まれなかった

**Paul Allen**

1953~2018 アメリカ、ワシントン州生まれ。Microsoft共同創業者。
ボストンのハネウェルに勤務した後、レイクサイド・スクールの同級生ビル・ゲイツと組んでパソコン用言語Basicを開発。1975年ゲイツとともにMicrosoftを設立。上級副社長を務めるが、'83年ホジキン病と診断され、経営の一線を退く。先端技術分野のベンチャー企業約20社に幅広く投資。

## ビル・ゲイツの初期の功績の多くは、ポール・アレンの判断によるもの⁉

ポール・アレンは、シアトルの最高レベルの名門私立学校レイクサイドで13歳のビル・ゲイツと出会う。ポール・アレンが2年先輩だったが、同じくコンピュータ（実はゲームだが）に関心を持つ者同士ということで、すぐに親しくなった。アレンは、ワシントン大学に進学するが、2年後、ゲイツがハーバード大学に進学すると、大学を中退して、ハーバード近くの会社に就職。そして、ゲイツを説得して、Microsoft社を設立。第4講に詳しく記したように、IBMとライセンス契約を結ぶことで、Microsoftを大成功に導く、MS－DOS開発の足かがりをつくった創業の功労者だ。

ここからも、かれがいなかったら、そもそもMicrosoft社も、MS－DOSも生まれなかったことがわかる。かれがいなかったら、ビル・ゲイツは、起業に目覚めなかったかもしれない。ビル・ゲイツが自分で判断したとか、自分でやったと過去言っていることの、草創期のMicrosoftの実績の半分以上は、実はポール・アレンがアドバイスをしたか、ビル・ゲイツを説得して、そのように決めさせた可能性は高い。事実上の対等のパートナー、共同事業者であった。

ポール・アレンの手記には、客観的にみても釈然としない、ビル・ゲイツからの突然の提案の話のくだりがある。

「話があるんだ。少し歩かないか」と声をかけてきたビル・ゲイツが「取り分、いまは6対4になっているけど、僕がもっともらっていいんじゃないかと思うんだ」と。「どれだけならいいの?」と返すポール・アレンに、「64対36でどうかな」と言い切る。それをのんだポール・アレンにさらに、共同事業の契約書の特記条項第12項として、両者の間に妥協不可能な相違が生じた場合にはビル・ゲイツがポール・アレンに共同事業から手を引く要求ができる、という内容を入れ、サインをさせたのだ。ビル・ゲイツには常に最大限、自分に有利な方向に変えようとする、かなり利己的な傾向があったようだ。

パートナーとしてはとっても嫌なやつだと思うよね。ポール・アレンが大人だったから、なんとかなったようだが、ひとつ間違いないのはそんな尊大なビル・ゲイツのことを、ポール・アレンは年下ながらも憎めなくて尊敬できる友だちだと思っていたことだ。

レイクサイドスクールのときにポール・アレンがビル・ゲイツについて書いた作文がある。かいつまんで紹介すると、

「非常に頭がよい。ユーモアがあり、総じて好感を持てる人物である。……どういう状況でも自分自身を笑い飛ばせる不思議な能力を持っている。……自分から何かを提案して能動的に動くのが好きで、楽しいことのできそうなチャンスを見つけると、驚くほどの素早さで飛びつく。とにかく、僕と相性がいいのだ」と。

第一印象から、ビル・ゲイツについて変わらなかったのは、とにかく非常に負けず嫌いであること、そして自分がいかに頭がいいかを証明したくてしようがないこと、そして非常に粘り強い、ということだったようだ。「取り分64対36」をポール・アレンが抵抗することもなく、呑み込んだ理由が少しわかるような気がする。

## 難病におかされる不幸

かくして、ポール・アレンとビル・ゲイツは、始終喧嘩をしながらも、会社を順調に伸ばしていったのだが、アレンは、会社設立後、10年も経たないうちに、不幸にしてホジキン病という難病におかされてしまう。その後、回復して復帰するのだが、その難病が原因で、だんだんプログラムが書けなくなり、徐々にゲイツに疎まれていく。成功のいわば立役者に対してひどいヤツだと思うが、前にも書いたように、ビル・ゲイツは、若いときにはとんでもなく利己的で、嫌なヤツだったからね。

で、はじき出される形で、とうとう2000年、ポール・アレンはMicrosoftを去る。それからは、Microsoftのこともビル・ゲイツのことも、あまり語りたがらなかった。その後、病気は治ったように見えるも、何度もがんを発症し、結局、2018年、65歳で亡くなった。

Microsoftを離れた後は、ポール・アレンはすべてから解放された自由人として、

Microsoft株の売却益などによる2兆2500億円という総資産を活用し、いろいろな研究活動や個人の趣味に積極的に投資をした。

お金を手にした当時の右腕だったバート・コルデに電話して最初に言ったのは「NBAのチームを買いたい」だった。そして35歳の若さでトレイルブレイザーズのオーナーとなる。さらにはNFLのシアトル・シーホークスのオーナーにもなる。

一方、知的好奇心はビル・ゲイツ以上だったので、子どものころからのSFファンとして、「デジタル・アリストテレス」や「プロジェクト・ハロー」などの未完の研究活動に没頭し、脳と宇宙船を研究対象として最期まで科学の神秘を追い続けた。脳科学研究所やSFの博物館（Science Fiction Museum and Hall of Fame）も設立している。

海洋探索や冒険も好きで、あるとき、太平洋戦争で撃沈された日本の戦艦『武蔵』を見つけると宣言し、見事に発見した映像をインターネット中継するということもあった。

がんとの闘病を続けながらも、飽くなき好奇心で科学やテクノロジーを追い続け、他界する6年前の手記には、このように記している。

「これからも絶えず自分の可能性の枠を広げていきたい」

「次はどうする？　この問いが私の頭から消えることはないだろう。次のビッグアイデアを永遠に追い求めたいのだ」

もしまだかれが生きていて、もう一人のビル・ゲイツに出会えたならば、もう一つのMicrosoftの創業の立役者になっただろう。

アントレプレナープロファイル #15

# スティーブ・ウォズニアックが、ジョブズの妄想を形にした

**Stephen Gary Wozniak**

1950~2018 アメリカ、カリフォルニア州生まれ。Appleの共同創業者。
天才的なエンジニアとして知られ、Apple I、IIの基本設計から製作までを手がけ、スティーブ・ジョブズと共に二人のスティーブと呼ばれた。ジョブズとの経営方針の違いから役員を辞任するも、後に復帰。2000年、Apple IIが今日のパーソナルコンピューターのすべての要素をもたらしたとして、発明者殿堂(Inventors Hall of Fame)入りを果たした。

## 二人のスティーブ。どちらを欠いても、Appleは生まれなかった

ビル・ゲイツとポール・アレンと同じような関係で、スティーブ・ジョブズには、プロフェッショナル・フォロワーとしてのスティーブ・ウォズニアックという人がいた。ジョブズとウォズニアック、二人のスティーブ。ウォズニアックは、もう一人のスティーブと言われ、その、もう一人のスティーブがすごいんだと、アメリカのベンチャー界隈では普通に言われていた。

ポール・アレンは亡くなったが、ビル・ゲイツは生きている。こちらは、ジョブズが亡くなったが、ウォズニアックはまだ生きている。

ジョブズのプロファイルでもお話ししたように、ウォズニアックとの運命の出会いがなければ、Appleは生まれなかった。ジョブズの天才的美的感覚が、世界の人々の生活に変革をもたらす商品に活かされることもなく、少なくともいまのiPhoneは生まれなかった。

## お金や名声には一切興味を示さない「ウォズの魔法使い」

ウォズニアックはとにかく天才エンジニアだった。ジョブズがこんなコンピュータをつくりたいんだとガンガン、イメージを出す。ウォズニアックは、ジョブズの発想を高く評価して笑顔で応え、ジョブズのイメージに近づけるために努力をする。MacintoshシリーズにつながるAppleの起業のときのAppleIも、話題を呼んだAppleIIも、中身をつくったのはジョブズではない。ウォズニアックだ。

で、宣伝して値段をつけて売るのは、ジョブズ。ジョブズが世界に発信していき、尊敬もジョブズが一身に受けた。なぜそれで二人がもめなかったか、と思うが、ウォズニアックはそういうことにはまったく興味がなかった。会社の経営もしたくないし、マネジメントもしたくない。そもそも、お金に興味がないということでも有名だった。

こんなエピソードがある。Appleの起業のときにインテルを退職したマイク・マークラがエンジェル投資家として最初の事業計画に参画している。ジョブズは語らないエピソードだが、ウォズニアックにとっては強烈な記憶として残っている。

ウォズニアックは天才で器用だから、実はAppleIIもヒューレット・パッカードに勤務しながら、二足の草鞋を履きながらひょいひょいとつくっていた。マイクはそれを許さず、ウォズニアックに「君はヒューレット・パッカードを辞めなさい」と命令口調で言った。火曜日までに決めろ、と。

ウォズニアックは考えに考え抜いて、期限の日にマイクとジョブズに、「僕はヒューレット・パッカードに残る」という決断を伝える。マイクは、「わかったよ。仕方ないな」とさじを投げ、一方、ジョブズは猛烈に怒った。ジョブズはあらゆる手段で説得しようとしたが、ウォズニアックは頑として、Appleには参加しないと意思を曲げなかった。

ある日友だちのアレン・ボームから電話が入る。ウォズニアックが待っていたアドバイスだった。ウォズニアックの手記には、「自分の会社を始め、そこでエンジニアであり続けることは絶対に可能だって言われた。エンジニアとして、経営には参加しないことができるんだって」とある。かくして、ヒューレット・パッカードを辞め、Appleに本気で参画をした。

こんなウォズニアックだったからこそ、生涯の趣味としてAppleのものづくりに没頭できたのだろう。ジョブズにとっては本当にありがたい共同創業者だったに違いない。

1950年生まれだから、もう70歳代。かなり年配になってしまったが、とにかく人柄がよくて、おまけに、かれの手にかかると何でもできちゃうものだから、アメリカでは誰でも知っている童話『オズの魔法使い』をもじって、ウォズの魔法使いなどと言われていた。

ポール・アレンとビル・ゲイツというのは、ともに天才エンジニアだったので、最後にぶつかっちゃうけれども、ウォズニアックとジョブズは、互いの得意なことが正反対だったので、いろいろなことがあって、ぶつかりつつも、お互い補完関係を保てたんだろう。

ジョブズが亡くなった後は、Appleの社長をやるべきとの声もあったが、ウォズニアックはそういうことには全く興味がない。だから、いま、ティム・クックという人がAppleの社長をしている。クックは、晩年のジョブズを支えた唯一無二の、本格的な経営でのプロフェッショナル・フォロワーだった。Appleの時価総額を想像を絶するぐらい上げた名経営者となる。

やはり、起業も企業も、ゼロから1の起業も、1から無限大の成長も、ひとりでは何もなしえない、ということだ。

# 成功する創業チームの条件

二人がチームとして働くほうが、三人が個人として働くよりも生産性が高いと言われる。能力のある人間三人が集まってバラバラに働いても、それなりの仕事はできるだろう。けれども、本当の意味で目的に達する生産性の高い相乗的な仕事ができるかと言うと、疑問だ。野球やサッカーのことを考えればわかるだろう。得点力の高いスタープレイヤーを三人抱えたら必ず勝てるかと言うと、多分、勝てない。三遊間のチームプレイができる野手を雇ったほうがよかったりする。

ビジネスの世界でも同じだ。二人の組み合わせ、チームとしての組み合わせがよければ、三人が個人として働くよりもいい果実、アウトプットが出せる。

もちろん、条件がそろっていれば、二人より三人がいいこともある。たとえば、Googleのように。Facebook（現Meta）のように、もっと多いこともある。

だから、ベンチャーの最初の創業チームって何人ぐらいがいいですか？　というよく聞かれる質問に対しても、多ければいいという問題ではない、あまり多いと、やはりチームとして動きづらいので、五、六人が限界かなとは思う、と答える。そして、人数よりも大事なのは、共通の夢、目的、価値観を持っていることだ、とも。

**同じ夢を見ている、同じ価値観を持っている、目的が共有化されていることだ。**

目的や夢が同じでも、動機も同じとは限らない。だから、次に重要なのは、**なぜこのベンチャーに参画をするのかという動機について、互いに理解し合っていること**だ。

お前は腕だめしだよな、お前はタワマンに住みたいんだよなと。お前はとりあえず金、お前はこの商品を仕上げたいんだよなと。動機は、お金であっても、商品であっても、遊びであっても、技術であってもいい。でも、お互い理解されていないといけない。

お互いの動機がわかって、その事業に対してコミットメント、つまり、これにかけようと約束できている状態。自分はこういう役割を果たしています、きみはこういう役割を果たしたよねということをお互いに言える状態。これが重要だ。

このような状態のことを、アカウンタビリティという。日本語で言えば、説明責任だ。**説明責任が持てる関係がいい。**

そして、できうるならば、**知識だとか、スキルだとか、経験が、それぞれに違っているのがいい。いろいろな人が交ざっているほうがいい。**

同じ知識と同じスキルを持っている二人でやってしまうと、どうしてもビル・ゲイツとポール・アレンのようにぶつかることが多い。ぶつかってよくなることもあるから、必ずしもぶつかることがだめだとは言わないけれども、できうるならば、わたしはこっちの知識だとかスキル、経験に長けていて、きみはこっちの技術や経験に長けているから、お互い補完しようねというミックスが理想だ。多くの例を見てきたなかで、そう思う。

次に重要なのは、創業チームの中で、**できるだけ早い時期に、誰がリーダーかをはっきりさせておく**ことだ。もし二人でスタートしたら、どちらがリーダーか？　ということだ。

ジョブズとウォズニアックの関係で言えば、リーダーはお前だよと、ウォズニアックは最初からジョブズを認め、ジョブズは自然にリーダーになった。ウォズニアックが支えてくれているからリーダーになれた。リーダーシップとフォロワーシップの最高の組み合わせだった。

リーダーというのは、自分がリーダーとは普通は言わない。**支えてくれる仲間がお前がリーダーだよと言ってくれるから、リーダーになれる**。もし、二人とも、あるいは、チームの全員がお山の大将的タイプで、俺が、わたしが、とリーダーを競い合うようだと、そのチームはいずれ崩壊する。

このように、リーダーシップが誰にあるかということがチームの中で自然に了解されていることが重要で、そうでないと、絶対うまくいかない。早晩、チームは分裂する。

以上をまとめると、成功しているベンチャーからわかる、創業チームの条件は、次のようになる。

**1 同じ夢を見、目的と価値観が共有化されている。**
**2 それぞれの参画する動機を互いに理解している。**
**3 自分の役割に対する説明責任が持てる状態にある。**
**4 知識、スキル、経験の異なる人たちのチームである。**
**5 誰がリーダーかが、チーム内で了解されている。**

最後に、きみがもし、起業するとして、そして、見事成功したときに、せっかくのチームが分裂し、憎み合う関係にならないために、もっとも重要なことを記しておこう。それは、リーダーシップとともに、**オーナーシップを明確にしておく**ことだ。

わかりやすく言うと、**誰がこの会社の議決権（持株比率）を握っているか、つまり、株式を握っているか**、筆頭株主は誰なのか、ということだ。

オーナーがリーダーであるというのが、もっともわかりやすい形だし、うまくいく。ビル・ゲイツもジョブズもそこは絶対譲っていない。ジョブズはウォズニアックに同じ比率を持たせたが、ウォズニアックにその興味がないことを知っていたからだ。

これが逆転すると、絶対うまくいかない。最後の最後にオーナーシップは社長を解任することができるから。たとえば、ジェームズ・ダイソンは最初のベンチャーから解任されたし、ジャック・ドーシーもかれがつくりあげたTwitterから追放された。

まだ、きみには、ピンとこないかもしれないけれど、共同創業者と言って、30％ずつとか平等に持ったまま、ある程度大きく成長してきたりすると、それが対立の関係になったときには非常にややこしい関係になる。また、さらにピンとこないかもしれないが、創業者が大株主で上場をしてから下手な経営をしたために退任し、その後を継ぐ経営陣とオーナー株主として対立関係になると、これももっとややこしい問題に発展したりする。後者は、難しい言葉で申し訳ないが、コーポレートガバナンスの問題として解決しようもあるが。

いずれにせよ、スタートアップからベンチャーを立ち上げていく創業期においては、オーナーシップはリーダーたる中心人物のアントレプレナーに寄せておいたほうが無難だろう。

最近の記憶では、NewsPicksを運営するユーザベースがカーライルのＴＯＢで上場廃止となったが、同等のオーナーシップの共同創業者間で経営方針に微妙なずれがあったのではないかと勝手に推察している。

起業時にできれば同じ比率で議決権を持つようにしない。将来のために、このことは知っておいたほうがいいだろう。

だから、将来もうまくいく創業チームのために、条件をもう一つ加えておく。

## 6　リーダーが筆頭株主（オーナー）となること。

# ソニーをつくった 井深大
# ソニーを残した 盛田昭夫

**Ibuka Masaru 左**

1908~1997 栃木県生まれ。ソニー共同創業者。
早稲田大学在学中に「動くネオン」を開発し，パリ万国博覧会で優秀発明賞を受賞。1946年、戦時下に出会った盛田昭夫を引き入れ、東京通信工業（後のソニー）を設立。テープレコーダー、トランジスタラジオの開発をはじめ、ウォークマン、携帯用8ミリビデオテープレコーダーなどの大ヒット商品を送り出し、日本のみならず世界の音響機器、家電機器分野を常にリードした。

**Morita Akio 右**

1921~1999 愛知県生まれ。ソニー共同創業者。
大阪帝国大学理学部物理学科を卒業し、海軍技術中尉に任官。そこで井深大と知り合い、戦後、1946年に井深の東京通信工業に加わり、常務となり営業面を担当。'58年には社名をソニーに変更。以後、世界各国に販売会社を設立し、ソニーを世界的企業に躍進させた。'98年アメリカの『タイム』誌による20世紀にもっとも影響力のあった人物「20世紀の20人」に経済人として日本人ではただ一人選ばれた。

## 井深大が、自社に盛田昭夫を引き抜いた！

成功しているベンチャーは、たいてい二人で創業している。最後に、その例をグローバル企業として成功している日本の元「ベンチャー」二社に見てみよう。まずお話しするのは、ソニーだ。一時期大いに低迷し、いまはまた復活の途上から絶頂期に向かって伸びているが、かつてバブル時代、日本が「ジャパン・アズ・ナンバーワン」などと言われて浮かれていた時代、ソニーはまさに世界に冠たるグローバル企業だった。SONYのロゴは、世界の若者の憧れの的。その若者の中に、スティーブ・ジョブズもいた。

そして、ソニーと言えば、盛田昭夫。かれは、日本が目立ちすぎて、いまの中国のようにアメリカの怒りと焦燥を買い貿易摩擦が激化していたころ、芥川賞作家の衆議院議員だった故石原慎太郎とともに『「NO」といえる日本』という本を書いている。それは当時のベストセラーとなった。石原慎太郎が、東京都知事になるずっと前のことだ。

盛田昭夫は当時、ソニーの会長だった。ソニーの顔であると同時に、日本の顔の一つでもあったわけだ。

しかし、ソニーの創業は、かれ一人によるものではない。というより、そもそも正確には、かれは言い出しっぺとしての創業者ではない。なぜなら、かれは、優秀な営業マンであり、技術を誇るソニーの技術の部分を担っていたのは、ソニーの真の創業者、井深大だったからだ。井深さんは、技術系の研究者、盛田さんは営業マン。ちょうど、Appleのウォズニアックとジョブズのような関係だった。

井深さんはソニーの前身となる東京通信工業の起業の決意とともに、盛田さんにぜひ参画してくれと誘った。太平洋戦争中に軍の技術士官として、いっしょにアメリカのさまざまなエレクトロニクスの製品を分解して、ああだこうだと研究した、信頼できる仲間だったからだ。

しかし、盛田さんはもともと名古屋にある江戸前期から続く造り酒屋の長男で、そこを継ぐことになっていた。子の日《ねひ》という盛田家の酒造会社で、いまでも続いている。それでも井深さんの熱心な誘いに、盛田さんも喜んで、井深さんの右腕となる決意をする。

井深さんは、アメリカのエレクトロニクス産業にあこがれ、終戦後すぐの1945年、のちに東久邇内閣で大臣を務めた義父を社長に据えて、東京通信工業、のちのソニーを設立する。自分自身はいまで言うCTO、技術担当の専務となり、いまで言うCMO、営業担当役員として盛田さんをゲットする。盛田さんは、現在の大阪大学の物理学専攻だったので技術もわかる営業マンだった。

その後1950年に、井深さんが代表取締役社長に就任。ソニーの伝説となったテープレコーダー、トランジスタラジオを開発、1958年にはソニーブランドとして発売、順調に売上を伸ばしていく。

テープレコーダーってわかるかな。記憶媒体であるカセットテープの中に入っているテープが回っていく装置を見たことがあるだろうか？　カセットテープ自体、知らない世代だろうから、無理か。ともかく、あれの何倍もの大きさのオープンリールと呼ばれる、最初の磁気録音再生装置だ。

そのテープレコーダーをつくろうと、戦争中にアメリカ軍からスパイが盗んできたものを二人で研究していた。テープを再現するために和紙を使って失敗してみたりして。これではアメリカには絶対勝てないな、と二人でこっそり話しながら。こうして、文字どおり共同創業していくプロセスは創業の前から始まっていた。

その二人をモデルにした二人の役者だけが登場する演劇を観に行ったことがある。海外で公演され、日本では二回だけ特別公演されたものだ。会場には、元社長の故出井伸之さんも来られていた。演劇の詳細を上手く表現はできないが、二人の共通の夢と信頼関係と未来感が上手に描かれていた。その二人の在り方は、まさに、成功するベンチャーのアントレプレナーがみな共同創業者でなければならなかったことを表しているかのようだ。

## 盛田昭夫がいたおかげで、井深大は、技術開発に専念できた

井深さんはもともと早稲田大学の理工学部を出たかなりオタクの技術者だったので、終戦後、どうしても東芝に入社したくて、東芝を受けるも落とされてしまう。それで、

かれは悔しくて、自分で東京通信工業というベンチャーを起こすわけだ。

かれの技術力はすごかったのだけれども、それが当時の東芝には理解できなかったか、あるいは、こういうやつを入れたら、たいへんなことになると思ったのか、わからない。いずれにしても東芝がかれを採用試験で落としてくれたおかげで、のちのソニーができた。

けれども、井深さんは技術開発だけにしか興味がなかったので、技術もわかって外交的な盛田さんに加わってもらえたことは本当に大きかった。なにしろ井深さんのベンチャーに加わったはいいが、最初、盛田さんはとにかく資金調達、金の工面で苦労をした。最後には、実家からたくさんお金を借りて、井深さんを支えた。だから一時期、盛田家の酒造会社が、ソニーの筆頭株主だったこともある。

こうして盛田さんが資金繰りの苦労を担ってくれたおかげで、井深さんはいろいろな発明に没頭することができた。ソニーを最初に有名にしたトランジスタラジオ、カセットテープレコーダー、そしてトリニトロンというすごくきれいな画像が出るテレビのブラウン管など、すべて井深さんが中心となって開発した。

ソニーの名を世界中に広めることになったウォークマンも、最初のアイデアは井深さんだったが、プロジェクトは当時ソニーの代表取締役社長を務めていた盛田さんが中心となって指揮、若手社員を中心に開発チームが組まれた。

井深さんがいなかったら、そもそもソニーは生まれなかったが、盛田さんがいなかったら、ソニーは残っていなかった。

アントレプレナープロファイル #17

# ホンダを生んだ本田宗一郎 ホンダを育てた藤沢武夫

**Honda Souichirou 左**

1906~1991 静岡県生まれ。本田技研工業創業者。
東京の自動車修理工場に徒弟奉公して、自動車の修理技術を身につける。1946年浜松市に本田技術研究所（後の本田技研工業）を創設。'48年、オートバイのエンジンと車体の一貫生産を開始、'55年国内生産1位となる。'63年軽トラックと小型スポーツカーを発表、'73年低公害エンジン「CVCC」搭載の「シビック」を発売、大成功する。'64年から自動車レースの最高峰フォーミュラ1（F1）に参加、「ホンダ」の名を世界的なものにした。

**Fujisawa Takeo 右**

1910~1988 東京生まれ。
丸二製鋼所を経て、1939年日本機工研究所を創立。'49年本田技研工業常務となり、専務、副社長を経て、'73年取締役最高顧問に就任。創業直後から本田宗一郎の女房役として、経営面をすべて切り回し、本田技研の発展に大きく貢献した。

## たたき上げプロフェッショナル経営者

ソニーと並んで海外でその名を知られる企業と言えば、ホンダだ。いまでこそ、トヨタの車がプリウス、レクサスを中心に世界中に広まっているが、最初は、世界ではホンダのほうが有名だった。ホンダ・レーシングF1・チームを持っていたことがあるかもしれない。エンジン開発の技術で、世界の若者にあこがれられる会社の一つだった。

だから、これからご紹介するホンダのもう一人の共同創業者、藤沢武夫の名も、日本よりアメリカでのほうが有名なくらいだ。日本では、ホンダと言えば、本田宗一郎がつくった会社だと思っている人がほとんどだと思うが、たとえばハーバードのビジネススクールのケーススタディでは、ホンダが成功したのは藤沢武夫によるものとされている。

しかし、読者のほとんどは、藤沢武夫という名前を、はじめて聞いたんじゃないかな。それも、当然だ。お父さんかお母さんに聞いてみるといい。かれらも多分、知らない。ソニーの盛田さんの名前は聞いたことがあるかもしれないが、藤沢武夫は知らないはずだ。そのくらい知られていない。

でも、かれがいなかったら、ホンダという自動車会社は残っていなかった。本田宗一郎は、技術者としてピカイチだったけれど、藤沢武夫という影の経営者がいなかったら、ホンダは、育ちもしなければ、残りもしなかった。

ちょうど、ソニーの井深さんと盛田さんの関係と似ているが、ソニーと違って、ホンダの場合は、言い出しっぺで技術者の本田宗一郎だけが有名になった。

その理由は、ホンダが、本田の姓を社名にしているからだけではない。藤沢さんの、社長業に没頭し、それも影に徹して対外活動を一切行っていなかった性格やスタイルにある。高度成長期の日本経済の立役者として叙勲の対象となって当然の人だったが、藤沢さんは一切の興味を示さず、ホンダの役員たちも積極的に動かなかった。見かねて通産省の官僚が総理府に働きかけ、勲三等旭日中綬章の叙位叙勲となっている。ちなみに、ソニーの盛田昭夫は勲一等瑞宝章の叙位叙勲だ。

## プロフェッショナル・フォロワー、藤沢武夫

本田宗一郎と藤沢武夫がいかに深い信頼で結ばれていたか？

それは、本田さんが代表取締役社長を務めていたときですら、代表者印は、藤沢さんが持ち、すべての決裁を行っていたことからもうかがい知れる。本田さんが、一度も代表取締役の印鑑をついたことがないというのは有名な話だ。

いまは、コンプライアンスと内部統制の強化で、大企業、上場企業では絶対そういうことは許されないが、懐かしき時代には、そういうエピソードがたくさん残っている。そのおかげで、本田宗一郎の間違った判断が、藤沢武夫によって修正されたり、あるいは本田宗一郎に決断させるために、藤沢武夫が促したりなど、二人の絶妙なバランスで経営がなされていた。まさに、リーダーシップとプロフェッショナルなフォロワーシップの最高の組み合わせだった。

1973年、本田さんと藤沢さんは、それぞれ代表取締役社長と代表取締役副社長

から、取締役最高顧問へと、そろって現役を引退する。これは後進育成のために、藤沢さんが決断したもので、本田さんもそれに従ったものとされているが、その潔い引退劇は当時話題になった。そのときの様子を藤沢武夫が手記に残している。少し長くなるが、藤沢さんの人となりと二人の関係がよくわかるので引用させてほしい。

＊＊

昭和四十八年の正月に、私はいいました。

「かねてから考えていたとおり、今年の創立記念日には辞めたいと思う。社長はいま社会的な活動をされているし、どうされるかわからないが、私からいわないほうがいいだろうから、専務から私の意向を伝えてもらいたい」

が、私は本田宗一郎との二十五年間のつきあいのなかで、たった一回の、そして初めで終わりの過ちをおかしてしまいました。本田は私のことを聞くとすぐ、

「二人いっしょだよ、おれもだよ」

といったそうなのです。ほんとに恥ずかしい思いをしました。

その後、顔を合わせたときに、こっちへ来いよと目で知らされたので、私は本田の

隣りに行きました。

「まあまあだな」

「そう、まあまあさ」

「ここらでいいということにするか」

「そうしましょう」

すると、本田はいいました。

「幸せだったな」

「ほんとうに幸福でした。心からお礼をいいます」

「おれも礼をいうよ、良い人生だったな」

それで引退の話は終わった。

私たちの引退には誰も反対しませんでした。形だけの慰留なんてものはなかった。

「待ってました」というようなものではないでしょうか。

こうして、昭和四十八年十月に正式に引退したのですが、この二十五年というもの、本田と二人でやってこられたというのは、たいへん珍しいことだったと思っています。

それは、本田だって、私がいやになったときもあるでしょう。このとおり私は勝手ですから。役員室をつくるときも、研究所を独立させるときも、かれに相談してない。経営にかけては、向こうより私のほうが本職なんですから。

私だって、本田がいろんなことをやっているのを、「なにいってんだ」と思うときがあります。

しかし、いずれにしても、根底では二人は愛しあって、理解しあっていた。

「これ以上はないという人にめぐり会えた」

という気持がすくなくとも私のなかにはある。

しかし、これも二十五年が限界です。それは双方ともに進歩が止まるときです。二十五年が私たちの人生の進歩の限界点であったということでしょう。

＊＊＊

藤沢さんは、大学は出ていないが、経営に関する名言をたくさん残している。わたしが好きなのは、次の言葉だ。

「布を織るときに縦糸は動かず通っている、縦糸がまっすぐ通っていて、初めて横糸は自由自在に動く。1本の太い筋が通っていて、しかも状況に応じて、自在に動ける。これが経営である」

興味のある方は、次の2冊を読んでみるといい。

『経営に終わりはない』(文春文庫)、『松明は自分の手で』(ＰＨＰ研究所)

特に、この講の最初のほうで述べたフォロワーシップ、プロフェッショナル・フォロワーとしてベンチャーに参画することに興味のある人には、お薦めだ。古い時代の本ではあるが、アントレプレナーを支えるもう一つのアントレプレナーシップの哲学という面から感銘を受けることがあるはずだ。

KEY POINT

成功したアントレプレナーの誰一人として、
自分一人で成し遂げた人はいない。
技術、あるいは、経営の、
突出した「共同創業者」が存在する

リーダーは、フォロワーによってつくられる。
フォロワーとして、
ベンチャーを起こす道もある

**成功する創業チームの条件**

①同じ夢を見、目的が共有化されていること
②それぞれの参画する動機を
互いに理解している
③自分の役割に対する
説明責任が持てる状態にある
④知識、スキル、経験の異なる人の
チームである
⑤誰がリーダーかが、
チーム内で了解されている
⑥リーダーが議決権を持つ
筆頭株主（オーナー）となる

# 第7講

# いずれ起業したいと思っているきみへ

本書は、いずれ起業したいなと思っているであろうきみに、エンジェル投資家でもあるわたしが、まだ海のものとも山のものともしれないアントレプレナーの卵に、多少なりとも投資をして支援をするとしたら、その投資の決断の基準は何なのか？　をお伝えすること、それを目的に書いている。その基準は、大きく二つに分かれ、一つはビジネスモデルとビジネスプラン、もう一つがその人の人格となる。で、本書は、そのうち、後者の人格について書いたものだ。

ビジネスモデルについては、本書の姉妹書『アントレプレナー入門』で、熱く、きみが十代であることも忘れ、結構本格的に書かせていただいた。併せてお読みいただけることを期待している。

本書のほうは、人格としながらも、その例として、代表的なアントレプレナーとそのビジネスについて、列伝風に紹介してみた。ベンチャーの中でも、新しい産業を世の中に生み出した、真に革新的な起業家を選んだので、誰でも知っているような大物ばかりになってしまった。

雲の上の人のように感じるかもしれないが、こと人格面については、変な人たちばかりだった。どちらかと言えば、いやなヤツとされる人のほうが多い。そんな人たちが、ベンチャーを育てていくなかで、ベンチャーとともに自分自身も人間として大きく成長していく。それを感じ取っていただければと思う。

そして、もうひとつ、お伝えしたかったのは、成功している一つのベンチャーには一人の名前がついているようだが、実は、かれらの多くは、「共同創業者」であるということ。つまり、成功の裏には、必ずと言っていいほど、二人、もしくは三人、またはそれ以上の素晴らしい組み合わせ、個性がぶつかり合う熱いチームがあった、ということだ。

以上を踏まえた上で、最後のこの講では、その偉大な起業家の跡を継ぐかもしれないきみたちに、起業に重要ないくつかのメッセージを送りたい。技術的なことは、先ほども述べたビジネスモデル編のほうで具体的に書いているので、本書でお送りするのは、心構えであり、訓辞（！）であり、エールだ。

# 人生は、すべて選択。選択から生まれる出会い

まず、お伝えしたいのは、人生はすべて選択だということだ。そして、その選択肢は、もし、きみがまだ学生なら、実に限られた狭い範囲のものでしかない。

たまたま生まれてきた家庭のせいで、育つ地域は決まってしまったし、そのせいで、学校もある程度、決められてしまった。経済的環境は、親の職業や財力によって決まってしまっているし、価値観や将来の職業選択にも、親の意向を強く感じるだろう。敢えてそこから飛び出そうとしている人もいる一方で、そこから意識的にも無意識的にも逃れられないでいる人もいる。

何が言いたいかというと、いま、きみに見えている世界というのは、ごくごく狭い

ものであり、したがって、そこにある選択肢というのも、本来きみが選択できる選択肢の全体の、ごくごく一部でしかないということだ。そして、それは、きみが社会に一歩足を踏み出すたびに、広がっていくものだ、ということだ。

一歩足を踏み出すたびに、だ。つまり、いくら社会人になったって、ひとところにとどまるのであれば、あるいは、インターネットを通じて物事を知るだけで、実際に体験したり経験したりすることのない人生を送るのであれば、世界も選択肢も広がらない。つまり、**選択肢というのは、自ら考え、自ら能動的に動くことで、自ら広げていく**ものだ。

**選択をすると何が起きるかと言うと、出会いが生まれる。**

出会い、というのは、非常に重要な人生におけるキーワードだ。出会い、出合い、出逢い、出遭い、さまざまなデアイがある。

人と出会う。一冊の本に出会う。言葉と出会う。出来事に出会う。

わたしは小さい頃に若山牧水の一つの短歌に出会った。

「白鳥はかなしからずや　空の青　海のあをにも　染まずただよふ」

当時はよくはわからなかったんだけど、ただ、白鳥が、真っ青な空と、真っ青な海の真ん中に漂っている様子が鮮明に、瞼と脳裏に浮かんだ。これだけ圧倒的な群青の青の中にいるにもかかわらず、白鳥は真っ白にくっきりと輝いている。その描写に、人間のあり方と同じだなと思ったことを覚えている。

人間も、大衆の中に埋もれて、大衆の一人としてさまよっていけば、群青の青の中に混ざってしまって青の一部となってしまう。それはそれで楽かもしれないけれど、ぼくは、白鳥のように、周りの色に染められずに漂っていたいな、とそう思った。あとからそれを「孤高」と呼ぶことを知った。そして、気がついたら、そういう仕事人生を送ってきていた。

きみも、たまたま会った一人の人、一冊の本、わたしのように一つの短歌、あるいは、たまたま見たウェブの記事、いろいろな出会いがあると思う。その出会いこそが、人生を変えるきっかけになる。まずは、そのことをお伝えしておきたい。

そういう意味で、いま起こっていることは偶然だけれど偶然ではない。きみがいま、この本を読んでいることも。そもそもこの本を買った、あるいは、借りたことも。

## リバティ&フリーダム 二つの自由

さて、いまのは、前座、前提条件だ。

これから本論に入る。本論としてきみに伝えたいのは、二つのことだ。一つは、リバティ&フリーダム。そして、本書のテーマである、アントレプレナーシップだ。で、リバティ&フリーダムからいこう。いま、お話しした選択肢の話に直接つながる話だ。

次のページの絵を見ていただきたい。

作者不詳Pinterestより

誰かがつくってくれた階段と、誰かがつくってくれた道と、ちょっと急なものもあるけども、しっかりしているはしごや階段をのぼって。なんとか高校、高専、あるいは、大学と、社会人の手前まで来ているような感じだろうか。

その先には道があるか？　誰かがつくってくれた階段があるか？　方向指示の標識があるか？

すでにまた誰かが（たいていは親だが）つくってくれている道や階段があって、そこを探して行く人もいるだろう。

それがいけないわけではない。でも、もし、**道を能動的に求めようとするならば、目の前には無数の道、階段がひろがっている**ことがわかるだろう。茫漠たる空間、あらゆる可能性が広がっている。

リバティ＆フリーダムというのは、そういうことだ。自由というのはそういうことだ。きみたちの目の前には無限の可能性がある。きみたちは、無限の成長の可能性を秘めている。まず、そのことを受け容れてほしい。

そして、リバティ＆フリーダムには、二つの自由がある。

ひとつは、**Freedom to Fail。失敗することができる自由**だ。

きみの前には、無数の選択肢が無限に広がっている。当然、その選択肢ごとにリスクがある。リスクがあるということは、失敗する可能性が大きいということだ。

それを恐れますか？　それを恐れて避けていきますか？

ということだ。いうまでもなく、失敗を恐れて選択することをやめれば、あるいは、最小のリスクの道ばかりを選んでいけば、自分自身のあらゆる可能性を閉じていくことになる。

だから、わたしがお勧めするのは、Freedom to Fail、失敗する自由を大いに謳歌することだ。大いに失敗していただきたい。なぜって、それは、地球上でも数少ない先進諸国の若者だけに与えられている特権だからだ。

きみは考えたことがあるだろうか。戦闘地域にいる子どもたちとか、あるいは最初から教育を受けられない貧困な低開発国に生まれ育った子どもたち、文化的あるいは宗教的にいろいろな制約が加えられている地域とか国に育った子どもたちには失敗する自由さえない、ということを。つまり、挑戦する自由がないんだ。夢を見るな！ってことだ。

そんな貴重な自由を手にしているのに、それを使わなくて、どうするんですか？ということだ。

**失敗する自由というのは、挑戦しない限り、生まれない。**自由に夢を見て、自由に挑戦する。魅力のある選択肢にどんどん挑戦、チャレンジしていただきたい。そして、本当の失敗をしてもらいたい。

本当の失敗というのは、現時点で持てるすべてをかけて挑戦したときに生まれる。そういう挑戦、そして、失敗をたくさんしていただきたい。

## 自分の人生のシナリオは自分でつくる

リバティ&フリーダムのもう一つの自由は、自分の人生のシナリオを自分で書く自由だ。ヒーローになりたければ、ヒーローのシナリオを書いて演じてみればいいし、脇役でいい、名演技をして助演男優賞、助演女優賞をとろうというシナリオでもいい。メロドラマを書こうと思うなら書けばいい。そういうのはすべてきみ自身が選べるシナリオだ。わたしたちは、自分自身の人生のシナリオを自由に書ける、そういうリバティ&フリーダムを持っている。

ところが、自分の人生のシナリオを書くことには尻込みをする人も多い。つまり、失敗したらどうしよう、どうせそんなことできやしない、失敗してがっかりするくらいなら、最初から期待も挑戦もしないほうがいい、ということだろうか。

つまり、最初の失敗する自由と同じところで立ち止まってしまう。


でも多くのアントレプレナー、起業家はとにかく七転び八起き。しょっちゅう失敗している。わたしの友人もわたし自身も、たくさん失敗している。いろいろなビジネスに挑戦して、それなりに多くの成功もしたけれど、多くの失敗もしてきた。

こんなとき、昔から、人生七転び八起きだからと言われるものだが、七転び八起きって言葉、なんかおかしいな、と思ったことはないだろうか？　だって、七回転んだら、七回しか起き上がれない。八起きの一回はいつ？

つまり、最初に起きていなきゃいけないということだ。一起き、七転び、七起き。だから、合わせて七転び八起き。最初に起きてなきゃいけないんだ。一起きしてなければいけない。**最初に、受動的な人生から、能動的に自らを立たせなければいけない**

ということだ。人として、起きている、目覚めている状態にならなければいけないということだ。

きみがいま起きているのか寝ているのかはわからない。ひょっとしたら、これから起き出すときかもしれない。そして、起きた瞬間、思うわけだ。転びたくないと。

でもね、それは間違っている。もともとずっと転んでいたんだから。申し訳ないけど、きみたちの多くは、ずっと寝転がって人生を歩んでいた。一度も起きたことなんてなかった。だから、一度起きてください。起きたあと、転ぶことを恐れなくてもだいじょうぶ。七回転んでも、七回起きられるから。

では、起きるとはどういうことか？　具体的に言えば、**自立と自律**だ。経済的自立と精神的自立。困ったら、親や周囲に頼る、というところから早く脱して、自らの足で立つ。

ところが、就職して経済的に自立して、自由な時間を手に入れると、突然、遊びというか、無目的な放蕩生活のほうに行ってしまう人がいる。だから、自立と同時に、自律が重要だ。

なんでもできるとなった瞬間に自らを律する。自分で目標を立てて、能動的に挑戦する選択をしていく。そのためにいろいろなルールを持つ、ルールは自分で決める。たとえば、失敗について、ここまでできたら撤退と決めておく。ここまで失敗したら、これ以上追いかけないという形で自らを律する。ビジネスだけではない。恋愛関係、友情関係、スポーツや趣味や芸術の活動でも。職場の人間関係、会社との相性、社会的活動など、**いろいろなところで、失敗があるはずだ。その中で、自分はこういうルールで動こう、というのを決めておく**。それが、自分を律する、自律ということだ。

自立と自律を、忘れないでいてほしい。

## トレンドを読むために注目すべき四人

次に、わたしがいま、これからの時代がどうなっていくか、そのトレンドを読むうえで注目している四人について、お話ししておこうと思う。四人といっても、特定の人物ではない。

まず**一人目は、女性**だ。だいたい、時代をつくるのは女性だ。消費を握るのも女性。そして子どもを産み、その子をベリーヒューマンたらしめるのも女性だ。

**二人目は、よそ者**。たとえば、京都からはイノベーティブなベンチャーが生まれることが多いが、京都に来て新しいことをやっているのは、京都にずっといた人ではなくて、外から来た人だ。古くからいる人たちとの接触の中で、よそ者が新しいトレンドを生み出している。古くからいる人たちも、よそ者たちから影響を受けて、少しずつ変化している。

京都で何百年という伝統のある和菓子屋さんも、外からの刺激なくしては生きていけない。外からの刺激を拒否している老舗はみんな潰れていて、外からの刺激、よそ者の刺激を自らのＤＮＡに組み込んでいる会社、老舗が生き残っている。

東京がなんで発展したかと言ったら、よそ者の集まりだからだ。東京にもともといた江戸っ子と言われる人なんて、ほんの一握り。いまでは一割もいない。

アメリカがなんで発展したか。よそ者の集まりだからだ。

ピルグリム・ファーザーズから始まって、そこにユダヤ人が来た。ユダヤ人はあらゆる経済的な恵みや、アインシュタインに代表される科学技術の恵みをアメリカにもたらした。次にイタリア人が来た。イタリア人はアメリカでマフィアをつくったが、一方でおいしい食文化を提供する。フランス人も来た。そして、メキシコが来て、労働力を提供しながら新しい庶民の文化をつくっていった。ヒスパニックという、現在のアメリカで根底を支えている文化というのは、中南米から来た人たちが支えている。

世界ナンバーワンの国であるアメリカの強さは、そこにある。

**三人目は、バカ者**だ。

バカになれるやつというのは、やっぱりトレンドをつくる。いつの時代でもそうだった。きみたちにとっては、もはやクラシックかもしれないけれど、わたしが子どものころ、ビートルズというロックバンドがロンドンで生まれた。そして、いま、きみたちが聴いているあらゆるポップスの基礎になっている。

でも、１９６０年代当時、ビートルズの真似なんかしたら、バカ者。親から勘当された。日本でもたくさんの若者たちが勘当された。でも、それが文化をつくった。世界の音楽シーンを変えた。いや創造した。

いまのAppleができたのは、スティーブ・ジョブズがいたからだけれど、かれは学生時代、ヒッピー文化にはまっていた。そして、そのヒッピー文化も、実は、ビートルズをはじめとするロックのバンドから来ている。やっぱり、バカ者が新しいトレンドをつくるんだ。

**新しいトレンドをつくる四人目は、若者だ。**

つまり、ベンチャーをつくるときに、新しいトレンドに着目しようと思ったら、常に見ているのが、女性、よそ者、バカ者、若者ということだ。もしきみが、この四つを備えているとしたら、すでにトレンドをつくる可能性を持っていると思っていただいていい。もちろん三つでもいい。

では、なぜ、若者がトレンドをつくるのか？

それは、反逆者だから。**若者は、いつもどの時代でも反逆者**だからだ。大人たちがつくってきた社会制度だとか、仕組みだとか、そういうことに対して常に批判的で、大人たちのつくった世界の中には絶対に巻き込まれんぞ！　という気持ちでいるのが、若者のはずだ。それが自然だ。

でも、そういう若い人たちの反逆を、最近はあまり感じない。たしかに最近の若者はおとなしい。だからこそ、いずれ起業したいなと思って、本書を手にしているきみには、目覚めてほしい。本来の、時代の反逆者としての自分に。

現在、自分より上の世代の人たちがつくった社会制度とか仕組みに反発してほしい。何かおかしいと、声を上げていってほしい。

資本主義や株式会社や民主主義や国家制度のことを深く理解していなくても、なんかいまの借金漬けの日本っておかしいとか、都市化している社会はおかしいとか、地球にはびこる人類たちはおかしいとか、そもそも国家という枠組みがおかしいとか、当たり前に反発する気持ちを持っていてほしい。

## すべては、反逆者である若者から始まる

いうまでもなく、この本の大きなテーマは、アントレプレナーシップだ。そして、このアントレプレナーシップというのは、反逆者でありたい若者なら自然に持てるものだ。

新しいことにチャレンジする、アントレプレナーシップから生み出されるのが、ベンチャーであり、ベンチャーは、要はアドベンチャー、冒険から来ている。先ほどお話ししたFreedom to Failもアントレプレナーシップがあってこそ生まれる。Freedom to Fail。挑戦する自由、失敗する自由を権利としてもっているのは、きみのような若者だということだ。

なぜ、シリコンバレーがベンチャーが集まる地域になったのか？　もうおわかりだろう。東海岸に反逆したからだ。東海岸には大人たちが巣をつくっている。ワシントンという行政の首都があり、ニューヨークという、それまでアメリカと世界を支えていた都市がある。アメリカはすべて、東海岸で回っていた。

それに反発した若者たちが選んだのが、西海岸だった。もっとも反対の太平洋側に来てつくったのが、シリコンバレーだった。そこから生まれたのが、Appleであり、Amazonであり、Facebookであり、Googleであったということだ。

ジェフ・ベゾスも、東から西へ車を走らせながら、Amazonを最終構想した。西に行くことによって、反逆できるからだ。アントレプレナーシップという冒険ができるからだ。そうして、実際に、新しいトレンドをつくった。それは、ユーザーであるお客さんはもちろん、ベゾスにとっても幸せなことだった。Amazonを起点とした、遠心力のある、幸せの輪が広がっていった。

そう考えると、**新しい幸せをつくっていくことが、アントレプレナーシップの真の**

**目的**だと言っていいかもしれない。

## すべての源、好奇心と二つのソウゾウ力

最後に、アントレプレナーシップで、もっとも重要なことを記しておこう。姉妹編の『アントレプレナー入門』を読んでくれているとしたら、復習になるかもしれない。

それは、好奇心だ。

わたしの大好きな映画監督、ジョージ・ルーカスは、人間の最大の資質は好奇心であると言った。公平に与えられ、人間として本質的に持っている能力は、好奇心だと。ソニーの盛田昭夫も、欲のない奴、好奇心のない奴に用はないと言った。

何かに興味を持ち、何かを知りたいと思い、何かを追求したいと思う。それは、人

間の特性だ。その最大の資質を活かさないで、どうする！　だ。これは、きみがこの先、30になろうが、40になろうが、60になろうが、80歳になろうが変わらない。80歳でも好奇心にあふれている老人というのは魅力的だ。

米国の画家、グランマ・モーゼス（モーゼスおばあちゃん）は78歳まで絵を描いたことがなく、ニューヨークで初個展「一農家の描いたもの」で一気にブレークした。80歳のときだ。それから101歳で他界するまでアメリカの自然と農村風景を描き続け、実に1600点の作品を遺した。好奇心は生ある限り、自らあきらめない限り、永遠である証拠だ。

この好奇心は、人間の二つのソウゾウ力の源となっている。

想像力と創造力だ。

そしてこの二つこそが会社の利益の源泉である。私なりのかための説明に言い換えれば、「不確実性に挑戦する人間の想像力と創造力という原始的能力こそが、会社の利益の源泉である」ということだ。大企業の社長さんたちにも改めて届けたいメッセージでもある。

すなわち、**自立した好奇心を持って、自由に自律的な判断で、未来の機会をつかみに挑戦していく、それが、アントレプレナーシップ**なのだが、そのとき、その挑戦に自信があるかと聞かれたら、誰も本当は自信があるとは言えないはずだ。だって、まだ起こっていない見たこともない、未来の機会への挑戦なんだから。

でも、自信を持っているかのように思えるのは、その人に、二つのソウゾウ力があるからだ。イマジネーション（想像）とクリエーション（創造）の力があるからだ。

だからこそ、誰も見えていない未来の課題にワクワクして挑戦する。そして、その挑戦がもたらす課題解決の取り組みが、実は企業の革新的な利益の源泉になっているということだ。

古今東西、多くの人たちが、未知の、未来の機会に対して冒険をしてきた、自分自身の創造力と想像力を信じて。それがなければ、会社は成長しない、つまり、利益を生み出さないから。不確実だからと言って挑戦をしないということになると、永遠に利益は上げられない。不確実だからこそ、挑戦することによって利益の源泉が生まれる。

ＶＵＣＡという言葉を聞いたことがあるだろうか？　ブーカと読む。

Volatility：変動性　Uncertainty：不確実性　Complexity：複雑性　Ambiguity：曖昧性の四つの単語の頭文字をとった造語で、先行きが不透明で将来の予測が困難な状態を意味する。

いまは、ＶＵＣＡの時代だ、不確実だ、先行き不透明だ、だから動けない、というわけだが、でも、未来はいつだって、それは１００年前も、２００年前も、５００年前も、１０００年前だって。不確実だった。不確実ではなかった未来なんて一度もない。

そもそも未来は不確実だからこそ、挑戦が生まれる。確実なことをするのは、挑戦ではない。

人間が持っている本質である好奇心に火をつけて、それを持ってちょっとした勇気、大きな勇気じゃなくていいから、**小さな勇気を持って、挑戦をする。**

多くの選択肢の中から、自分なりの判断で選び抜いて、挑戦する。失敗したら撤退して、また次の挑戦をしていく。その繰り返しの中で、何かが生まれてくる。

ホンダの藤沢武夫は、たいまつは自分で持て、が口癖だった。**前の道は常に未知、見えないし暗い、だから自分でたいまつを持って、先頭に立って歩きだす**のだ。

それがビジネスという場。企業という舞台になったときに、ベンチャーが立ちあらわれる。

# ソニーの設立趣意書

最後に、今度こそ、本当に最後に、ソニーの前身である、東京通信工業株式会社の設立趣意書の話をしておきたいと思う。井深大が1946年に起草した原文は、ググればすぐに出てくる。

井深さんがこれを書いたのは、昭和21年、38歳のときだ。きみがいま17歳だとすると、約20年後には、きみも書くことになるかもしれない。まさに現在のソニーの理念の如く、感動ものだ。たいへんよくできている。

長い趣意書なので、いくつか大事なところをピックアップしてみよう。

前の講でも書いたように、一人では何事もなし得ないということを知っていた井深さんは、盛田昭夫さんを仲間に引き入れないと東京通信工業は起業できないという確信を持ち、かれを口説き落とす。その後も、創業の仲間を集めていくわけだが、そこでいつも考えていたのは、仲間、チームをつくるためには構成員同士が、**「真に人格的に結合」しないとだめだ**と、いうことだった。

つまり、単に寄せ集めの烏合の衆では何も成し遂げられない。人格的につながっていなければいけないと。人格的につながるとはどういうことかというと、**「志を同じくする者が自然に集まる」**ということだと。

そして、趣意書では、敗戦直後、これから日本がどこに行くかわからなかった不確実性にあふれた時代に、**「自信を持ち大きな希望を」**持たなければいけないとも言っている。当時は、人々がともすれば希望をなくし、自信をなくして前に進めないという時代だったはずだ。それをあえて、設立趣意書で、自信と希望、これが大事だということを書いている。

それから、**「自由豁達にして愉快なる理想工場の建設」**、これはおそらく趣意書の中で最も有名なフレーズだ。世界でナンバーワンになった頃のソニーがなぜそこまでいけたかと言うと、会社設立の目的にこれが宣言されていたからだ。こういう言葉をしっかり残せていて、しかもいまもそれが受け継がれている。素晴らしいことだ。

さらに、経営方針として、**「実質的な活動に重点を起き、徒《いたずら》に規模の大を追わず」**と書いている。これも非常に重要なメッセージだ。個人的には、いちばん好きなフレーズでもある。

**「他社の追随を絶対許さざる境地に独自なる製品化を行ふ」**ともある。井深さんの神髄で、盛田さんに引き継がれた精神だ。要はソニー(東京通信工業)は他社が絶対真似できないものをつくる、世界で最初の独自商品をつくるんだと、それを、経営方針の根幹に置いている。いま、まさに流行りの個性ある『パーパス』だ。

経営方針

従業員は
厳選されたる
可成小員数を以て
構成し、
形式的職階制をさけ、
一切の秩序を
実力本位、
人格主義の
上に置き、
個人の技能を
最大限度に
発揮せしむ

会社設立の目的

自由豁達にして
愉快なる
理想工場の建設

経営方針

実質的な活動に
重点を置き、徒に
規模の大を追わず

経営方針

会社の仕事即ち
自己の仕事の観念を
徹底せしむ

経営方針

他社の追随を
絶対許さざる境地に
独自なる製品化を
行ふ

次は、ちょっと長いが、そのまま引用すると、

**「従業員は厳選されたる可成《かなり》少員数を以《もっ》て構成し、形式的職階制をさけ、一切の秩序を実力本位、人格主義の上に置き、個人の技能を最大限度に発揮せしむ」**と。**「会社の仕事即《すなわ》ち自己の仕事の観念を徹底せしむ」**と。

いまの、仕事と生活（人生）は分けましょうというワーク・ライフ・バランスの風潮とは一線を画す主張だ。わたしが常に言っている**ワーク・ライフ・インテグレーション**に近い。ワーク・ライフ・インテグレーションというのは、要するに、公私混同せよと。プライベートのときも、仕事のことを考えているし、仕事のときも遊んでいる、そんなふうに仕事と私生活を統合しようよ、という考え方だ。だいたい、**公私混同のない創生期のベンチャーなんてない。**

東京通信工業の趣意書の中で、井深さんも、まさに仕事って、自分のものでしょ、自分でやっていることが仕事になっているわけでしょと、言っている。どこまでが仕事で、どこまでが遊びかというのではなくて、**遊びと仕事はいっしょだ**と言っている。

**大人が真剣に遊ぶと、それは楽しめる仕事になる**ということだ。

こういうところに就職して、そんなふうに仕事が続けられたら、幸せな人生を送ることができるだろう。

いまのソニーも含めて、そんなふうに働けている大人は、かなり少ないとは思うが、きみたちには、そういう人生を送ることを選択してほしいと願う。

## 「そもそも」を手がかりに、「本質」に迫る

世の中には大きなうねりがある。技術のうねり、経済のうねり、あるいは、ビジネスモデルのうねり。いまは、プラットフォーマーのビジネスモデル、DXによるネットワーク経済がいちばんのうねり、文字どおり最高潮にある。そういううねりは、ちゃんと見ておいたほうがいい。

一方で、それがどのくらいホンモノか、どの程度続くのか、真正面から疑って本質を見る。本質には、執着してほしい。

これからいろいろなことに迷うと思う。そんなときにきみを救う魔法の言葉は、「そもそも」だ。**迷ったときには、「そもそも」という単語を思い出すことだ。それが、きみを「本質」に連れ戻す。**


そもそもなぜ自分はこれを選択したのか？

そもそもなんでいま、こいつと一緒に仕事をしているのか？

そもそも、なぜこんな彼や彼女と付き合っているのか？

そもそもどうしてこんなに楽しくないのか？


なんでもいいから、そもそもと、本質的に問いかけてみる癖をつけることだ。

そうすると、たいていのことは答えが見えてくる。たいていの悩み事は解決する。

あれ？　なんで悩んでいるんだろう。そもそも、なんでこれに悩んでいるんだろう、本質はなんだったんだろうと考える。常に本質に執着すれば、答えは出てくる。

ベンチャーも同じ、まさに、そして常に、本質に執着しているベンチャーだけが生き残っていける。

そして、最後にきみに望むこと。それは、きみに幸せになってもらいたいことだ。なぜなら、自分が幸せになってはじめて、見える世界があるからだ。周りの人間が、何を求めて幸せになろうとしているかも見えてくるからだ。

そして、「その時」が来る。

自分の幸せがわかり、周りのさまざまな人間たちの幸せが見えるようになってきた「その時」だ。いろいろなビジネスに挑戦する機会、大いなるチャンスがそこにある。

## KEY POINT

二つの自由（リバティ＆フリーダム）
①失敗する自由＝挑戦する自由
②自分の人生のシナリオを自分で書く自由

トレンドを読むために注目すべき四人
①女性
②よそ者
③バカ者
④若者

アントレプレナーシップの源
①若者の反逆心
②好奇心
③想像力と創造力

迷ったときは、
「そもそも」を手がかりに「本質」に迫る

# 出典・参考資料（順不同）

**ソニー自叙伝**　1998/3/1　ソニー広報センター著　ワック

**経営に終わりはない**　1986/11/1　藤沢 武夫著　文藝春秋

**How Google Works: 私たちの働き方とマネジメント**　2014/10/1
エリック・シュミット著　ジョナサン・ローゼンバーグ著　土方 奈美訳　日本経済新聞出版

**ビル・ゲイツ―巨大ソフトウェア帝国を築いた男**　1992/12/1
ジェームズ・ウォレス著　ジム・エリクソン著　翔泳社

**ぼくとビル・ゲイツとマイクロソフト アイデア・マンの軌跡と夢**　2013/2/19
ポール・アレン著　夏目 大訳　講談社

**アップルを創った怪物―もうひとりの創業者、ウォズニアック自伝**　**2008/11/29**
スティーブ・ウォズニアック著　井口 耕二訳　ダイヤモンド社

**インベンション 僕は未来を創意する** 2022/5/29
ジェームズ・ダイソン著 川上 純子訳 日本経済新聞出版

**伝記 スティーブ・ジョブズ** 2012/1/24
パム・ポロック著 メグ・ベルヴィソ著 伊藤 菜摘子訳 ポプラ社

**テッド・ターナー すすんで「嫌なヤツ」になれ！―CNN革命を起こした男の成功原則**
2000/9/1 ジャネット・ロウ著 中川 美和子訳 ダイヤモンド社

**フェイスブック 若き天才の野望（5億人をつなぐソーシャルネットワークはこう生まれた）**
2011/1/13 デビッド・カークパトリック著 滑川 海彦訳 高橋 信夫訳 小林 弘人解説
日経BP社

**三井高利（人物叢書）** 1988/7/1 中田 易直著 吉川弘文館

**ツイッター創業物語 金と権力、友情、そして裏切り** 2014/4/24
ニック・ビルトン著 伏見 威蕃訳 日本経済新聞出版社

**成功はゴミ箱の中に レイ・クロック自伝―世界一、億万長者を生んだ男 マクドナルド創業者**
2007/1/1　レイ・A・クロック著　ロバート・アンダーソン著　野崎 稚恵訳　プレジデント社

**ジェフ・ベゾス 果てなき野望**　2014/1/8
ブラッド・ストーン著　滑川 海彦解説　井口 耕二訳　日経BP社

**マンガでわかる イーロン・マスクの起業と経営**　2022/11/26
桑原 晃弥監修　ちゃぼ漫画　standards

**グーグル ネット覇者の真実 追われる立場から追う立場へ**　2011/12/16
スティーブン・レヴィ著　仲達志訳　池村 千秋訳　CCCメディアハウス

**スティーブ・ジョブズｖｓビル・ゲイツ**　2010/2/19　竹内 一正著　PHP研究所

**ザ・フード～アメリカやみつきスナック シーズン1エピソード1　30億個のハンバーガー**
ヒストリーチャンネル

**バイオグラフィー：ビル・ゲイツ～マイクロソフト創設者**　1998制作　ヒストリーチャンネル

**先人たちの底力　知恵泉・選 商売繁盛の極意「大江戸 買い物革命 商売を繁盛させろ！ 三井高利」**
2015/12/20放送　NHKデジタル教育1
現代外国人名録2016　2016/1　日外アソシエーツ 編集著　日外アソシエーツ
20世紀西洋人名事典　1995/2　日外アソシエーツ 編集部著　日外アソシエーツ
日本大百科全書（ニッポニカ）　小学館
ブリタニカ国際大百科事典　ブリタニカ・ジャパン
知恵蔵mini　朝日新聞社
ASCII.jpデジタル用語辞典

# あとがき

若いきみには、まず自分があって世界がある、という当たり前のことを知ってほしい。まずは、自分の好きなことがある、自分のやりたいことがある。好きを大事にする。やりたいことをやればいい。

まわりにはきみのことを想ってくれる大人たちがいる。大人たちはきみたちのことを想って、いろいろ教えてくれたり、意見を言ってくれる。たまには叱ってくれるし、大げさに応援してくれる、恥ずかしくなるほど褒めてくれるかもしれない。それはそれ、楽しめばよい。でも大事なのは、自分の好き、自分のやりたい、だ。

学校教育の中では、遵法精神、ルールに従い公共心や道徳心を養う大事さを、懇切丁寧に教えてくれる。そしてシラバスどおりのバランスのとれた総合的で多様な学科による学習を計画どおりしっかりと指導してくれる。
それらもそれら、しっかりと覚え、学び、理解に努め、やるべきは実践すればよい。でもやはり大事なのは、自分のはだかの想い、やりたいかどうか、正しいと思えるかどうか、好きかどうか、だ。

忘れないでほしいのは、本質だ、その背景だ、その真実を知りたい、という飽くなき好奇心だ。本質にたずねれば、校則の細目のいずれかを疑うこともあるだろう。教科書に書いてある答えが、なぜ一つしかないのか不思議に思うこともあるだろう。そもそもの試験問題の設問自体に、違和感を禁じえないこともあるだろう。先生たち、大人たちの言うことがわからないこともあるかもしれない。かく言うわたしもそうだった。それでかまわない。その直感や疑問、感触を大切にあたためておけばよい。

人生は旅であって、旅行ではない、とわたしは思っている。
起業、つまり企業や創業は、旅行のように予定どおり、計画どおりにできるものではない。旅に出てしまう、旅の途中で思いつく、ついやってしまう、勇気を持って飛び込んでみた、そういう類いのものだ。

昔の人は、かわいい子には旅をさせよ、とうまく言った。きっとかわいい子は、旅から帰還すると、見違えるほど立派になることを経験的によく知っていたからだ。かわいい子たちは、旅で世の中を知る。経験する。自分がしっかり自分でいなければ、世の中では生きていけない、楽しめない、という当たり前のことに気付くのだ。世界を知って、自分があること、に気付く。

世の中は広い。世界は茫漠として、きみの目前と未来に広がっている。そして、きみを待っているのだ。


だから、強く言いたい。好奇心のおもむくままに、たまには旅に出なさい、と。

そして常に本質的な問いを立てなさい、と。

たくさんのやっちゃった！　失敗を自由に体験しなさい、と。

答えのない世界にこそ、きっと求める解がある。そこに、好きで、やりたい、自分がいる。

本書は、BOW BOOKSの千場弓子さんの声がけで上梓した『いずれは起業したいな、と思っているきみに　17歳からのスタートアップの授業　アントレプレナー入門』の続編、姉妹本だ。本書も千場弓子さんには全面的にバックアップをいただいた。この場を借りて平伏して感謝申し上げたい。

本書は、生身のアントレプレナーの人間像に迫り、若い世代に伝えたい！　とのパラノイア的な想いでの、蛇足ながらの続編だ。ぜひ前著とともに併読いただければ、このうえなく幸いである。

成功して距離感があるように思えるアントレプレナーも、きみたち、わたしたちと何ら変わりない。とても自己チューで、少しおかしくて、変わっていて、子どもっぽくて、頑固だが素直で、とっても人間的だ。

さて旅の話に戻るが、旅行は、最終的には出発地に戻ってくるものであるが、旅は最終目的地、デスティニーを、旅の途中に見出すものだ。出発地を想うが、出発地に帰ることをゴールとはしない。

さあ、起業という旅に出よう。

いつか旅に出ることを、いまから夢みて歩んでいこう。

きみに、毎朝起きたときに繰り返しつぶやいてほしい「ひとり言」を、最後にこっそりお教えしておく。

「やりたい！　できる、やりとげる」
「やりたい、できる！　やりとげる」
「やりたい、できる、やりとげる！」

旅に出るとき、旅を苦労しながらも楽しむとき、このひとり言が、きみの友となるだろう。

そしていつかきみのまわりには、ともに旅する真の友が集まってくるに違いない。

古我　知史

著者紹介


## 古我 知史 こが さとし

早稲田大学政経学部政治学科卒業後、モンサント、シティバンク、マッキンゼー・アンド・カンパニーなどを経てウィルキャピタルマネジメント株式会社を設立、80社の起業、事業開発や投資育成の現場に、投資も含め、直接参画してきた。
九州大学大学院客員教授、FBN（ファミリービジネスネットワーク）ジャパン理事長、一般社団法人衛星放送協会外部理事などを歴任。 橋下徹が大阪市長時代に進めていた大阪都構想に参加。大阪府市統合本部特別参与として、経済部門を担当した。 現在、県立広島大学大学院客員教授、京都大学産学官連携本部フェロー、IPOを果たしたベンチャー企業の取締役などを兼任。
主な著書に『戦略の断層』（2009年英治出版）『もう終わっている会社』（2012年ディスカヴァー）『リーダーシップ螺旋』（2021年晃洋書房）など。



BOW BOOKS 020

いずれ起業したいな、と思っているきみに
17歳からのスタートアップの授業
アントレプレナー列伝
エンジェル投資家は、起業家のどこを見ているのか？

発行日　2023年10月30日　第1刷

著者　古我知史
発行人　干場弓子
発行所　株式会社BOW&PARTNERS
https://www.bow.jp　info@bow.jp
発売所　株式会社 中央経済グループパブリッシング
〒101-0051　東京都千代田区神田神保町1-35
電話 03-3293-3381　FAX 03-3291-4437

ブックデザイン　遠藤陽一（DESIGN WORKSHOP JIN）
イラスト　齋藤邦雄
編集協力＋DTP　BK's Factory
校正　鴎来堂
印刷所　中央精版印刷株式会社

BOW BOOKS

時代に矢を射る　明日に矢を放つ

001

## リーダーシップ進化論
### 人類誕生以前からAI時代まで

酒井 穣
2200円｜2021年10月30日発行
A5判並製｜408頁

壮大なスケールで描く、文明の歴史と、そこで生まれ、淘汰され、選ばれてきたリーダーシップ。そして、いま求められるリーダーシップとは？

002

## ミレニアル・スタートアップ
### 新しい価値観で動く社会と会社

裙本 理人
1650円｜2021年10月30日発行
四六判並製｜208頁

創業3年11ヶ月でマザーズ上場。注目の再生医療ベンチャーのリーダーが説く、若い世代を率いる次世代リーダーが大切にしていること。

003

## PwC Strategy&の ビジネスモデル・クリエイション
### 利益を生み出す戦略づくりの教科書

唐木 明子
2970円｜2021年11月30日発行
B5判変型並製｜272頁

豊富な図解と資料で、初心者から経営幹部まで本質を学び、本当に使える、ビジネスモデル・ガイド登場！

004

## 哲学者に学ぶ、問題解決のための視点のカタログ

大竹 稽／
スティーブ・コルベイユ
2200円｜2021年11月30日発行
A5判並製｜288頁

哲学を学ぶな。哲学しろ。ビジネスから人生まで生かしたい、近代以降デカルトからデリダまで33人の哲学者たちによる50の視点。

005

## 元NHKアナウンサーが教える 話し方は３割

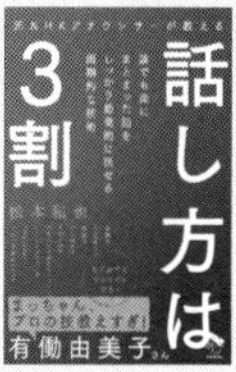


松本 和也
1650円｜2021年12月25日発行
四六判並製｜248頁

有働由美子さん推薦！
「まっちゃん、プロの技、教えすぎ！」
スピーチで一番重要なのは、話し方ではなく、話す内容です！

006

## AI時代のキャリア生存戦略

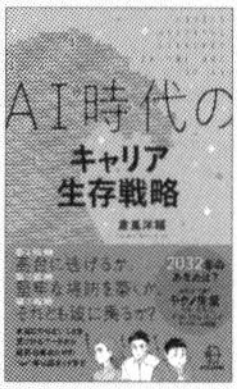


倉嶌 洋輔
1760円｜2022年1月30日発行
A5判変型並製｜248頁

高台（AIが代替しにくい職）に逃げるか、頑丈な堤防を築く（複数領域のスキルをもつ）か、それとも波に乗る（AIを活用し新しい職を創る）か？

007

## 創造力を民主化する
### たった１つのフレームワークと３つの思考法

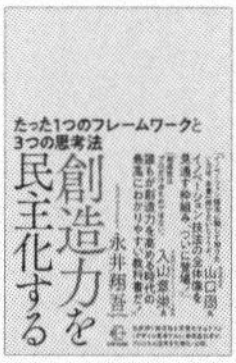


永井 翔吾
2200円｜2022年3月30日発行
四六判並製｜384頁

本書があなたの中に眠る創造力を解放する！　創造力は先天的なギフトではない。誰の中にも備わり、後天的に鍛えられるものだ。

008

## コンサルが読んでる本 100＋α

並木 裕太 編著
青山 正明+藤熊 浩平+
白井 英介
2530円｜2022年5月30日発行
A5判並製｜400頁

ありそうでなかった、コンサルタントの仕事のリアルを交えた、コンサル達の頭の中がわかる「本棚」。

009

## 科学的論理思考のレッスン

高木 敏行／荒川 哲
2200円｜2022年6月30日発行
A5判横イチ並製｜212頁

情報があふれている中、真実を見極めるために、演繹、帰納、アブダクション、データ科学推論の基本を！

010

朝日新聞記者がMITのMBAで仕上げた
## 戦略的ビジネス文章術

野上 英文
2420円｜2022年7月30日発行
四六判並製｜416頁

ビジネスパーソンの必修科目！　書き始めから仕上げまで、プロフェッショナルの文章術を、すべてのビジネスパーソンに。

011

## わたしが、認知症になったら
介護士の父が記していた20の手紙

原川 大介／加知 輝彦 監修
1540円｜2022年9月23日発行
B6判変型並製｜192頁

85歳以上の55％が認知症!?　本書が、認知症、介護に対するあなたの「誤解・後悔・負担・不安」を解消します。

012

## グローバル×AI翻訳時代の新・日本語練習帳

井上 多恵子
2200円｜2022年9月30日発行
B6判変型並製｜256頁

外国人と仕事するのが普通となった現代のビジネスパーソン必携！　AI翻訳を活用した、世界に通じる日本語力とコミュニケーション力。仲野徹氏絶賛!!

013

## 人生のリアルオプション
仕事と投資と人生の「意思決定論」入門

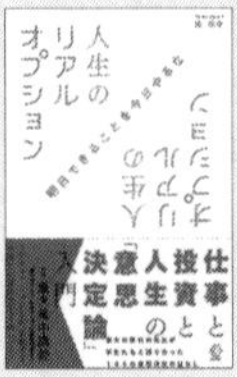


湊 隆幸
2420円｜2022年11月15日発行
四六判並製｜320頁

「明日できることを今日やるな」　不確実性はリスクではなく、価値となる。私たち一人ひとりがそのオプション（選択権）を持っている!!

014

## こころのウェルビーイングのためにいますぐ、できること

西山 直隆
2090円｜2022年12月25日発行
四六判並製｜320頁

モノは豊かになったのに、なぜココロは豊かになれないんだろう…幸せと豊かさを手にしていく「感謝」の連鎖を仕組み化！
「幸福学」の前野隆司氏推薦!

015

## コンサル脳を鍛える

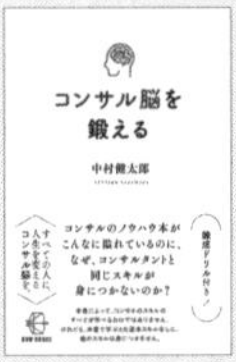


中村 健太郎
1980円｜2023年2月25日発行
四六判並製｜256頁

コンサル本が溢れているのにコンサルと同じスキルが身につかないのはなぜか？　その答えは「脳の鍛え方」にあった!?　すべての人に人生を変える「コンサル脳」を。

016

## はじめてのUXデザイン図鑑

荻原 昂彦
2640円｜2023年3月27日発行
A5判並製｜312頁

UXデザインとは、ユーザーの体験を設計すること。
商品作りでも販売現場でもアプリやDXでも…あらゆる場面でUXデザインが欠かせない時代の武器となる一冊!

## コンサル・コード

017

### プロフェッショナルの行動規範48

中村 健太郎

2200円｜2023年5月30日発行

四六判上製｜232頁

コンサルファーム新人研修プログラムテキスト本邦初大公開！コンサルの作法と正しいアクションが学べる実践的スキルブック。

## 現代の不安を生きる

018

### 哲学者×禅僧に学ぶ先人たちの智慧

大竹 稽／松原 信樹

2200円｜2023年6月30日発行

四六判並製｜320頁

不安があってもだいじょうぶ。不安があるからだいじょうぶ。哲学者と禅僧による、不安の正体を知り、不安と上手につきあうための17項目。

いずれ起業したいな、と思っているきみに

17歳からのスタートアップ講座

019

## アントレプレナー入門

### エンジェル投資家からの10の講義

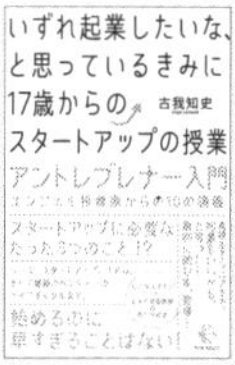


古我 知史

2200円｜2023年8月30日発行

四六判並製｜328頁

高校生から社会人まで、「起業」に興味を持ったら最初に読む本！

全国主要書店、
オンライン書店、
電子書籍サイトで。
お問い合わせは、
https://www.bow.jp/contact

BOW BOOKS

## 時代に矢を射る　明日に矢を放つ

WORK と LIFE の SHIFT のその先へ。
この数年、時代は大きく動いている。
人々の価値観は大きく変わってきている。
少なくとも、かつて、一世を風靡した時代の旗手たちが説いてきた、
お金、効率、競争、個人といったキーワードは、もはや私たちの心を震わせない。
仕事、成功、そして、人と人との関係、組織との関係、
社会との関係が再定義されようとしている。
幸福の価値基準が変わってきているのだ。

では、その基準とは？　何を指針にした、
どんな働き方、生き方が求められているのか？

大きな変革の時が常にそうであるように、
その渦中は混沌としていて、まだ定かにこれとは見えない。
だからこそ、時代は、次世代の旗手を求めている。
彼らが世界を変える日を待っている。
あるいは、世界を変える人に影響を与える人の発信を待っている。

BOW BOOKS は、そんな彼らの発信の場である。
本の力とは、私たち一人一人の力は小さいかもしれないけれど、
多くの人に、あるいは、特別な誰かに、影響を与えることができることだ。
BOW BOOKS は、世界を変える人に影響を与える次世代の旗手を創出し、
その声という矢を、強靭な弓（BOW）がごとく、
強く遠くに届ける力であり、PARTNER である。

世界は、世界を変える人を待っている。
世界を変える人に影響を与える人を待っている。
それは、あなたかもしれない。

代表　干場弓子